Momente einer Mystik der Schwebe

Ottmar Fuchs

Momente einer Mystik der Schwebe

Leben in Zeiten des Ungewissen

Matthias Grünewald Verlag

VERLAGSGRUPPE PATMOS

**PATMOS
ESCHBACH
GRÜNEWALD
THORBECKE
SCHWABEN
VER SACRUM**

Die Verlagsgruppe
mit Sinn für das Leben

Die Verlagsgruppe Patmos ist sich ihrer Verantwortung gegenüber
unserer Umwelt bewusst. Wir folgen dem Prinzip der Nachhaltigkeit
und streben den Einklang von wirtschaftlicher Entwicklung, sozialer
Sicherheit und Erhaltung unserer natürlichen Lebensgrundlagen an.
Näheres zur Nachhaltigkeitsstrategie der Verlagsgruppe Patmos auf
unserer Website www.verlagsgruppe-patmos.de/nachhaltig-gut-leben

Bibliografische Information der Deutschen Nationalbibliothek
Die Deutsche Nationalbibliothek verzeichnet diese Publikation in der
Deutschen Nationalbibliografie; detaillierte bibliografische Daten sind
im Internet über http://dnb.d-nb.de abrufbar.

Alle Rechte vorbehalten
© 2023 Matthias Grünewald Verlag
Verlagsgruppe Patmos in der Schwabenverlag AG, Ostfildern
www.gruenewaldverlag.de

Umschlaggestaltung: Finken & Bumiller, Stuttgart
Gestaltung, Satz und Repro: Schwabenverlag AG, Ostfildern
Druck: GGP Media GmbH, Pößneck
Hergestellt in Deutschland
ISBN 978-3-7867-3336-2

Inhalt

1. Hinführungen
- 1.1 (Un-)Vertrautes zur Schwebe! 9
- 1.2 Überblick 13
- 1.3 Berührung des Mystischen. 16
- 1.4 Das ganze Universum schwebt 19
- 1.5 Perlen am Flussgrund. 27

2. Entrückungen
- 2.1 »Scheinbar schwerelos bewegt sich die ›Große Schwebe‹« 33
- 2.2 »Ein gutes Buch ist ... ein lebensnotwendiges Gut« ... 36
- 2.3 »Musik war das Anti-Wort!«. 37
- 2.4 »In der Luftschaft segeln«. 42
- 2.5 »Seht, wie der Himmel in den Bechern funkelt!« 45

3. Poetische Eskapaden
- 3.1 »Ich setzte den Fuß in die Luft und sie trug.« 53
- 3.2 »Zwischen zwei Welten schwebend« 55
- 3.3 »Sank ein Goldfaden vom Himmel herab...« 61
- 3.4 »Hier liegt einer, dessen Name in Wasser geschrieben war« 69
- 3.5 »Begreifen, dass wir ein Entwurf sind«. 76

4. Unterbrechungen
- 4.1 »Ohne zu wissen, was ich für den anderen sein kann« 81
- 4.2 »Ein Heimweh nach diesem großen Glück.« 83
- 4.3 »Reservate für Sorgfalt, Zärtlichkeit, Nachdenken.« .. 84
- 4.4 »Wer nicht genießt ist ungenießbar!«. 88
- 4.5 »Zufälle bilden um und verwandeln« 92

5. Gratuitäten

5.1 »Die Rache der Natur am Zivilisationsprozess« 101
5.2 »Liebe kann man nicht begraben« 104
5.3 »Jeder soll einen Schritt näher kommen.« 110
5.4 »Schwebe zwischen Ja und Nein« 113
5.5 Um »mit ihrer neuen Situation im Leben
    fertig zu werden.« 118

6. Theologische Einsichten

6.1 Tradition in der Schwebe 125
6.2 Offen für ein Drittes 129
6.3 Risiko der freien Rede 134
6.4 Synode in der Schwebe? 136
6.5 Das Sicherere im Wagnis 140

7. Spiritualität

7.1 »Diese göttliche Nutzlosigkeit der Liebe« 145
7.2 »Gott ist größer als der Mensch« 146
7.3 »Dass etwas Sinn hat, egal wie es ausgeht« 151
7.4 »Ein Produkt barmherziger Illusionierung«? 158

Anmerkungen. 162

1. Hinführungen

1.1 (Un-)Vertrautes zur Schwebe!

»Nix gwiss woas ma ned« wird dem Münchner Humoristen Joseph Huber, »dem Finessensepperl« (1763–1828), zugeschrieben.[1] In einer feudalen Gesellschaft war dies eine kluge Haltung, um Geheimnisse zu bewahren und nicht auf eine gefährliche Position festgelegt zu werden, oder einfach wenn man sich sicher ist, dass man sich nicht sicher ist. »Man weiß halt nicht, was morgen passieren wird!«, so eine Schülerin kurz vor den Sommerferien 1922. Dieser Satz galt schon immer, aber eher hintergründig ohne großen Einfluss auf das letztlich beherrschbare Leben. Nun aber scheint er zum vordergründigen Lebensgefühl geworden zu sein: Wenn bisherige Gewissheiten verloren gehen, wenn fester Boden wegbricht, wenn nichts mehr sicher scheint, wenn vieles zusammenfällt bzw. porös wird. Vieles ist unsicherer geworden als vorher, so jedenfalls das Gefühl. Diese aktuellen Erfahrungen fordern viele Menschen heraus, über diesen Aspekt des Lebens neu nachzudenken.

Was Unsicherheit bedeutet, haben viele Menschen in den Corona-Jahren verstärkt erlebt: Termine hängen in der Schwebe, weil niemand weiß, wie es weitergeht, man kann nichts Festes in den Blick nehmen, man kann auf mittlere und schon gar nicht auf längere Sicht Treffen vereinbaren, sogar vereinbarte Operationen werden weiter und weiter verschoben. Immer wieder kommt manches, auch Wichtiges in die Schwebe, und niemand weiß, wann sie aufhört. Von gediegener Sicherheit in Planungen und Ordnungen her lernen viele nun mit eher chaotisch anmutenden Verhältnissen umzugehen, in denen es zur Aufgabe wird, auf Sicht zu leben. Solche Schwebeerfahrungen sind dem Alltag also nicht fremd. Sie verstärken auch andere ähnliche Erfahrungen im Bereich bisheriger Vertrauensstützen. Sie verstärken auch ähnliche Erfahrungen im religiösen Glauben und in der Spiritualität. Immer wieder kommt manches, auch Wichtiges in die Schwebe, und niemand weiß, wann sie aufhört.

Wer hält Schwebe wie lange aus? Diese Momente und kurzen oder langen Zeiten, in denen nichts entschieden ist, in denen nichts entschieden werden kann, abhängig von Nachrichten, die nicht eintreffen. Festgefügte Ordnungen mit sicheren Erwartungshorizonten werden da eher als willkommen erlebt, weil sie das Leben stabilisieren.[2] Jedes Wartenmüssen hat Anteile der Schwebe, zwischen dem Ausbleiben des Erwarteten und der Verwirklichung des Erwarteten. So gibt es viele analoge Situationen im Warten auf eine Nachricht, auf eine Beförderung und vieles andere mehr. Es sind Situationen, in denen Menschen etwa sagen: Da häng ich in der Luft, da hängt alles in der Luft! Solche Phasen im Leben auszuhalten, helfen nach Kant Hoffnung, Schlaf und Lachen. Alles Schwebequalitäten! Schweben im Traum wird mit der Sehnsucht nach Freiheit in Verbindung gebracht, auch mit seelischer Entspannung und der Fähigkeit Hindernisse zu überwinden.

Man darf Erfahrungen von Schwebe nicht idealisieren. Sie können auch sehr bedrückend sein. Von der Schwebe her kann es einen Absturz oder auch eine sanfte Landung geben, in der der Mensch sich aufgefangen erfährt. Im Schwebezustand selbst Vertrauen aufzubringen, dass alles gut geht, ist sehr schwer. Schweben ist ein Wort, das viele Ambivalenzen auszudrücken vermag: etwa zwischen »auf Wolke 7 schweben« und »in Gefahr schweben«.

Eine schlimme Schwebe ist das Warten-Müssen zwischen Untersuchung und ihrem Ergebnis. Ist der schädliche Krebs weitergewachsen, sind die Blutwerte in Ordnung? Es ist ein angstvoller Schwebezustand eigener Art, nach einer Untersuchung darauf warten zu müssen, bis die Werte aus dem Labor kommen und wie sie dann ausschauen. Es ist oft ein Ja zwischen Leben und Sterben, zwischen Freude über die nächsten geschenkten Wochen und Monate und der Depression, dass alles nun doch schlechter wird, dass es über kurz oder lang oder nur ein wenig länger zum Ende und zum Tod kommt. In der Schwebe zwischen Selbstpreisgabe und Neugewinn des Lebens, zwischen Zuversicht und Angst, zwischen geschenktem und künftig entzogenem Leben. Und es macht einen großen Unterschied, ob junge Menschen in einem solchen Schwebezustand sein müssen, oder ob es ältere sind. Denn bei ersteren geht es um den Verlust eines ganzen Lebens.

Millionen Menschen hängen in der existentiellen gefährlichen Schwebe zwischen einer Mahlzeit und der Ungewissheit, wie lang der Hunger wohl dauern wird und ob es überhaupt wieder etwas zu essen gibt. Es gibt auch die kleinen und kleinsten Erfahrungen der Schwebe, etwa die Schwebe zwischen Verlust und Gewinn, zwischen Hoffnung und Enttäuschung bei der Kundgabe der neuesten Lottozahlen.

Und doch: Die Menschen waren schon immer neidisch, wenn sie die Vögel schweben sehen. Wer drachenfliegt, spricht von einem tiefen Glücksgefühl. Die griechische Sage des Ikarus mahnt zugleich die Gefährlichkeit des Schwebens an. Es sind Erfahrungen, die Bisheriges stoppen und innehalten lassen: Geistiges und Körperliches, ein Blick zum Sternenhimmel, Erlebnisse der Natur, in Träumen und Räuschen, in der Kunst und Musik, in der Liebe und Freundschaft, aber auch des Leidens und Mitleidens, die zeitenthobenes Schweben auslösen können. Schwebe bedeutet nicht unbedingt Balance. Wer in der Schwebe ist, kann sich vorübergehend in einer Balance befinden, es kann sich aber auch um eine Schwebe in einem sehr unbalancierten Zustand handeln.

Im Gegensatz zum Fliegen, das in der Regel nur mit einem wie auch immer gearteten Antrieb möglich ist (der Flügelschlag der Vögel, die Propeller des Flugzeugs o.ä.), ist das Schweben antritts- und richtungslos. Nur bedingt kann man von daher im Wasser schweben, denn Schwimmen gibt es nur mit Bewegung und Richtung. Obgleich es beim Schwimmen auch Momente des Schwebens gibt, wenn man sich nur vom Wasser tragen lässt. Wie der Vogel, der jede Bewegung einstellt und sich nur vom Aufwind tragen lässt. Der Vorgang des Schwebens assoziiert auch ein Schweben von unten nach oben. Es ist eine Ablösung von einer bisherigen Festigkeit, auch Erdverbundenheit, von der physikalischen Notwendigkeit der Schwerkraft.

Eine immer wieder faszinierende Erfahrung ist die Schwebe zwischen Traum und Wirklichkeit. Ich bin kurz vor dem Aufwachen, hänge aber noch an den Bildern des Traumes, muss sie wegschweben lassen in dieser Schwebe, bis sich die Realität aufdringlich durchsetzt und dieser Schwebe ein Ende bringt. Übrigens erfahre ich nicht gerade selten in dieser Schwebe ein Bild oder eine Idee, die ich in die Realität hinüberretten kann.

Nicht in der Schwebe möchte ich meinen Dank lassen: an Dr. Barbara Körber Hübschmann für die sichere Schreibarbeit, an Rolf Bechmann für die letzte Durchsicht und im Verlag an Volker Sühs für das engagierte und umsichtige Lektorat! Meiner Schwester Irene Keller danke ich für etliche Einfälle zu diesem Thema.

1.2 Überblick

Im Folgenden handelt es sich um ein Kaleidoskop von möglichen Schwebeerfahrungen, vom Segelfliegen bis zu literarischen und spirituellen Beispielen. Vielleicht sind es Perlen, mit denen erahnt und nachgespürt werden kann, wie vielfältig Schweben im Leben wirklich und bedeutsam ist. Man könnte auch das Bild von Giordano Bruno (1.3) übernehmen und bei den Miniaturen von Sternen oder Sternchen sprechen, vor allem auf dem Hintergrund seiner Vorstellung, dass es keine Sterne außerhalb der Schwebe gibt. Sie hängen alle in der Luft. Und sie sind zueinander nie trennscharf, gehen ineinander über und lösen sich auch wieder voneinander. Wo die Zwischenüberschriften in Zitatform begegnen, handelt es sich um signifikante Zitate von in den jeweiligen Abschnitten konsultierten Autoren und Autorinnen.

Es liegt an der inneren Struktur des Themas, dass eigentlich keine inhaltliche Reihenfolge der Kapitel möglich ist. Auch die ist in der Schwebe zu halten. Aber sie muss selbstverständlich für ein Buch festgelegt werden. Willkürlichkeit kann dabei kaum vermieden werden. Man kann die »Perlen« aber immer wieder neu auffädeln. So ergibt sich ein schönes Durcheinander, in das sich auch die Lektüre hemmungslos hineinbegeben kann, nämlich sich auch quer durch die Abschnitte zu bewegen. Mögliche Vernetzungen und inhaltliche Querverweise werden im Text mit den Kapitelnummern (in Klammern) angegeben.

Meine Assoziationen zum Thema der »Schwebe« können schon, vom Thema her selbst, nicht erschöpfend sein, sondern sind durch den Ausschnitt meiner Erfahrungen und Wahrnehmungen begrenzt. Umso mehr seien meine Assoziationen eine Anregung für Leserin und Leser, sich mit eigenen Erfahrungen und Wahrnehmungen beizugesellen bzw. die hier eingebrachten Momente zu vertiefen, zu modifizieren oder zu verwerfen. Antworten gibt es kaum, nur das Abschmecken einer Lebenserfahrung in deren materiellen, leiblichen, verstandlichen und spirituellen Momenten. Aus dieser Perspektive der Schwebe habe ich ältere meiner Arbeiten neu entdeckt und in diesen Zusammenhang gebracht. Diese »Vorarbeiten« werden vor Ort in den Anmerkungen angegeben.

Zur besseren Übersicht seien die sieben Kapitel kurz vorgestellt: Das *1. Kapitel* möge eine erste Eröffnung der Schwebe-Perspektive sein. Zunächst geht es um aktuelle, möglicherweise verstärkte Erfahrungen des in der Schwebe Seins (1.1). Es folgt eine Begründung, warum im Thema auch von Mystik die Rede ist (1.3). Mit einem großen historischen Sprung zu Giordano Bruno (1.4) eröffnet sich die kosmische Weite und die menschliche Haltlosigkeit der Schwebe. Um dann ähnliche Erfahrungen in anderen Bildern aufzusuchen (1.5).

Die »Entrückungen« im *2. Kapitel* beziehen sich auf durchaus disparate Felder und aktualisieren gleichzeitig analoge Erlebnisse: In der Innenarchitektur einer Kirche mit einem Altar in der Schwebe (2.1), im Enthobensein von der Realität durch das Sich Vertiefen in Büchern (2.2), in musikalischen Phantasiewelten (2.3). Dann aber auch in der Faszination eines Segelflugs (2.4) und nicht zuletzt in den Entrückungen des Weines und ähnlicher Stoffe (2.5). Immer geht es dabei auch um die jeweiligen Auswirkungen dieser Schwebeerfahrungen auf die Einstellungen zur Alltagswelt.

In den »poetischen Eskapaden« im *3. Kapitel* wandern wir von
Hilde Domin (3.1) zu Johann Wolfgang von Goethe (3.2), wir
halten bei Dževad Karahasan (3.3), dann bei John Keats (3.4)
und schließlich bei Christa Wolf (3.5). Auf ihre unverwechselbare und untereinander sehr unterschiedliche Weise bewegen
sie sich in je anderen Kontexten auf Schwebeerfahrungen und
ihre Auswirkungen zu.

In den »Unterbrechungen« im *4. Kapitel* entdecke ich Erfahrungen, die den Alltag oder bisher Gewohntes unterbrechen und
ein Innehalten ermöglichen, das immer irgendwie mit einem
»Abheben« zu tun hat, und das sich verändernd auf das Leben
auswirkt. Es geht um die Kategorie der Begegnung (4.1), um
ein Nahtoderlebnis (4.2), um die Entschleunigung bzw. Außer-Kraft-Setzung des normal Gängigen durch Pause (4.3), Verschwendung (4.4) und Zufall (4.5).

In den »Gratuitäten« im *5. Kapitel* werden Erfahrungen aufgesucht, die »gratis«, als Gabe und Geschenk erlebt werden: Im
Feste-Feiern (5.1); in der Liebe (5.2); in der progressiven Unendlichkeit einer Macht, die Schritt für Schritt Entgrenzung schenkt
(5.3); In der Schwebe der Rituale, die gleichwohl trägt und hält.

Die »theologischen Einsichten« im *6. Kapitel* werfen von der
Schwebemystik her ein Licht auf verschiedene Themen im christlichen bzw. kirchlichen Bereich: im Verhältnis zur Tradition (6.1),
in einem möglichst langen Aushalten des »Sowohl – als auch«
(6.2), in der freien Rede der Verkündigung (6.3), in der, auch
ökumenischen Offenheit synodaler Prozesse (6.4), in der paradoxalen Schwebe, das Sicherere im Wagnis zu suchen (6.5).

Im *7. Kapitel* »Spiritualität« kommen vier eher persönliche Schwebeerfahrungen zum Vorschein: die Schwebe zwischen Absicht und Nutzlosigkeit der Liebe (7.1), die Schwebe des Vertrauens auf ein göttliches Geheimnis, das alle Menschen und Religionen trägt und verbindet (7.2), die Schwebe zwischen Erfolgshoffnung und Erfolgslosigkeit (7.3), und schließlich die Schwebe zwischen Hoffnung über den Tod hinaus und der Möglichkeit, dass es ein solches »Jenseits« nicht gibt (7.4).

1.3 Berührung des Mystischen

Auch die Mystik hat etwas mit Schweben zu tun, zwischen empirischer Wirklichkeit und einer Phantasie, die dieser Wirklichkeit eine darüberhinausgehende narrative bzw. spekulative Bedeutung verschafft. Keckerweise habe ich im Titel dieses Buches »Momente einer Mystik der Schwebe« den Mystikbegriff beansprucht. Sicher habe ich mich dabei auch übernommen, zumal das, was man in Wissenschaft und Alltag unter Mystik versteht, so groß und unterschiedlich ist, dass man sich nur auf eine Facette davon beziehen kann. Für mich ist jenes Mystikverständnis bedeutsam, wie es im abendländischen alltäglichen und im wissenschaftlichen Bereich zum Vorschein kommt. Es geht, abstrakt gesprochen, um ein Innehalten, um eine Unterbrechung des Alltäglichen im Schwebezustand zwischen einem Vorher und einem Nachher, worin ein Geheimnis entdeckt oder auch nur erspürt wird, derart, dass sich von daher Denken und Einstellungen vertiefen oder verändern können. Zwischen Kontrollieren und Loslassen ist wohl immer eine innehaltende Schwebe, um von der einen Wirklichkeit zur anderen zu gelangen. Es ist wie bei der Überschlagschaukel, die Augenblicke hat, in denen sie auf der Kippe stehen bleibt, und, manchmal sekundenlang, nicht weiß, ob sie zurück oder vorwärtsfallen soll.

Ich berufe mich hier vor allem auf das neuere Buch von Volker Leppin, das bezeichnenderweise »Ruhen in Gott« heißt und in dem es um die »Geschichte der christlichen Mystik« geht. Mystische Erfahrungen bewegen sich zwischen Himmel und Erde, zwischen Jenseits und Diesseits.[3] Wobei das Jenseits selbstverständlich auch ein Diesseits ist, aber in diesem Diesseits ein Jenseits des Bestehenden markiert. Es ist das Diesseits dessen, was (noch) abwesend ist. Mystische Erfahrungen substituieren diese Abwesenheit in der Anwesenheit des Bestehenden und bringen so das Bestehende in einen Schwebezustand der nicht mehr in alter Weise Gültigkeit und noch nicht in neuer Weise Gültigkeit. Dieser Vorgang wird auch als Geheimnis erlebt, als Mysterium.[4] Wobei aber die Tiefe dieser Erfahrung weiterhin verborgen bleibt.

Eine mystische Theologie bringt beides zusammen, die Unmittelbarkeit dieser Schwebeerfahrung und die daraus folgende Reflexion. Für einen solchen Zusammenhang stehen beispielsweise Adrienne von Speyr und Hans Urs von Balthasar, hier sogar in einer Rollenverteilung zwischen der Mystikerin und dem Theologen.[5]

Man kann das Geheimnis theologisch benennen, aber auch ganz anders, beispielsweise in der Astrophysik durch das Innehalten im Staunen vor dem Geheimnis des Universums und durch die daraus resultierende Sehnsucht, wenigstens ein wenig davon zu verstehen bzw. Neues zu erahnen. Denn es geht in der mystischen Erfahrung »um eine Seinsweise, die grundsätzlich auch dort gegeben sein kann, wo ein expliziter Bezug auf Gott oder religiöse Phänomene weder beabsichtigt noch auch nur angedeutet ist, und die sich vor allem durch den Unterschied zu bloßer Materialität auszeichnet.«[6] Es ist immer wieder ein Ruhen in etwas, was noch nicht war und künftig bedeutsam sein kann: Dieser Moment des Dazwischen ist eine wie immer geartete unsichere Schwebe, ohne die das neue Neue oder das neue Alte nicht zum Zug kommen kann.

Man könnte den Begriff »Mystik der Schwebe« als semantische Aufwertung von etwas durchaus Unangenehmen ansehen. Ich will das Negative der aufgezwungenen Schwebe nicht gut reden, möchte aber verdeutlichen, dass dieser Schatten in seinem Rücken auch eine helle Seite hat, nämlich darin etwas von jener Lebensmentalität zu erspüren, die manche Lebendigkeit und Intensität menschlichen Lebens ausmacht.

Die eingangs angesprochene verstärkte Erfahrung von Unsicherheit ist für die Menschen ein Problem, und sie ist umso mehr ein Problem, als das Ideal des Lebens Rundumversicherung und Vollständigkeit in vieler Hinsicht ist. Ich will diese Erfahrung nicht schlecht reden, komme aber, ohne diese Einsicht moralisieren zu wollen, doch nicht umhin, in der Unsicherheitserfahrung die Chance zu sehen, dass es weder allumfassende Sicherheit noch ein Leben ohne Halbheiten, Verluste und Scheitern gibt. Es gibt keine gelungene Ganzheit, sondern nur eine »gelungene Halbheit«[7]. Die Unsicherheit und Nichtplanbarkeit, die Unterbrechung von Erwartungen, können für die Erfahrung und die Selbsterfahrung öffnen, dass das Leben (auch) ein Fragment ist. »Unser Leben als Fragment zu verstehen, befreit von einem Zwang, sich immer gut- und wohlfühlen zu müssen.«[8] Der Mythos der Ganzheit und der Mythos der Planbarkeit bedingen sich gegenseitig. Und von daher stellt sich dann auch die Frage: Haben wir eine Gesellschaft, in der der Mensch »unvollkommen, unperfekt, angewiesen und bedürftig sein« darf?

Vom christlichen Glauben her gibt es die Vollständigkeit und die Ganzheit des Menschen und überhaupt der Menschheit von Gott her, als Geschenk! Ganzheit muss nicht diesseitige Leistung sein! »Das Leben als unfertig zu verstehen und danach auszurichten, bedeutet nicht, gebeugt oder schlechtgelaunt durch den Alltag zu gehen, sondern das Leben in seiner ganzen Widersprüchlichkeit und Vielfalt, eben auch in seiner Unvollkommenheit zu leben und dabei die Schönheit und das Staunen nicht zu vergessen.«[9] Das ist genau, was viele Menschen gegenwärtig umso schärfer erfahren: »Wir sind immer ... auch ... Ruinen unserer Vergangenheit. Fragmente zerbrochener Hoffnungen, verronnener Lebenschancen.«[10] Oder anders formuliert: Diese intensivierte Erfahrung des Ungeschützt- und Ungesichertseins hat in sich eine Dynamik, die ihrerseits verstärkt erfahren lässt, dass das Leben ein Torso ist. Und dass alle Verkleisterungsversuche, alle Versuche, die Ruinen ganzheitlich zusammenzukitten, eine schier übermenschliche Leistung darstellen, die übrigens oft auch auf Kosten von anderen geleistet wird. Von anderen, die dann ihrerseits umso ruinöser leben müssen. Denn *ganzes* Leben braucht doppelte Ressourcen, die anderen entzogen werden.

1.4 Das ganze Universum schwebt

Eine besonders mächtige qualitative Stufe des Schwebe-lernens in der Denkgeschichte der Menschheit war eigentlich nicht Kepplers Entdeckung, dass die Sonne stillsteht und die Erde sich bewegt, sondern die unmittelbar auf Keppler folgende gegensätzliche Einsicht Giordano Brunos (im Anschluss an den englischen Astronomen Thomas Digges, 1546–1595[11]), dass der unendliche Raum des Universums überhaupt kein festes Bezugssystem mehr hat.[12] »Denn die von Kopernikus noch geglaubte Kugelgestalt des Fixsternhimmels war zerschlagen und es wurde ›Verteilung der Sterne in freiem Raum ohne Bindung an einen festen Träger angenommen‹ ...«[13]

Das ahnten die Gegner Brunos: mit ihm gibt es keinen Halt mehr, weil es keine Halterung des Universums gibt. Das ganze Weltall schwebt, nirgendwo ist etwas festgemacht. Ein Himmelsgewölbe gab es nicht mehr, und denkerisch, auch glaubensmäßig bedeutete dies die Negation der Begreiflichkeit, die ja immer etwas zum Festhalten braucht (wie etwa eine Offenbarungsschrift).[14] Der Überschritt vom unendlichen Universum ohne jede Halterung zum Pantheismus ist, wie schon bei Bruno und in der Folgegeschichte des entsprechenden theologisch-philosophischen Diskurses, nicht weit. Der Mensch muss in *seinen/ihren* Begrenzungen und Halterungen überleben. Und am Ende hält ihn dann doch nichts mehr. Er kann sich nicht mehr halten und stürzt in die absolute Haltlosigkeit. Sowohl individuell als auch menschheitsgeschichtlich. Wer alles in der Schwebe lässt, keinen Halt mehr findet und keinen Halt mehr gibt, macht selbst niemals Halt und ist unberechenbar. Ganz im Sinne Nietzsches (aus dem Gedicht »Vereinsamt«):

>»Wer das verlor,
>Was du verlorst, macht nirgends halt.«[15]

Luther und Melanchthon gehörten zu den »frühesten Gegnern des astronomischen Reformers« Kopernikus, weswegen selbstverständlich noch mehr Bruno in Wittenberg nicht Fuß fassen konnte. Enttäuscht verließ er 1588 die protestantische Hoffnung.[16] Nach dem Philosophen Hans Blumenberg blieb den

Reformern offensichtlich verborgen, »dass Kopernikus die sinnfälligste Demonstration gegen den mittelalterlichen Anspruch auf Kongruenz des Sichtbaren und des Unsichtbaren, der Naturordnung und der Heilsordnung angeboten hatte.«[17] Aber wenn an der Natur- und Schöpfungsordnung ohnehin überhaupt nichts für die menschliche und glaubensbezogene Existenz des Menschen abzulesen ist, dann ist es ohnehin gleichgültig, was die Naturwissenschaft und die entsprechenden Universumskonzepte dazu sagen. Weshalb es nochmals umso unverständlicher ist, warum die protestantische Seite sich so sehr auf das vorkopernikanische Weltbild kapriziert hat. Denn Natur und Universum sind auskunftsunfähig, vielstimmig und zwiespältig für die Existenz des Menschen. Analogien gibt es hier nicht mehr.

Wollte man sich allerdings analoges Denken zwischen Vernunft und Glaube, Universum und Offenbarung erlauben, könnte man sagen: Das haltlose Universum entspräche theologisch besonders erschließend der haltlosen Gnade, die keinen Halt, keine Begründung und keine Voraussetzung braucht. Teresa von Avila trifft hier ins Schwarze: »Wir sollten also, Schwestern, bei den verborgenen Dingen Gottes nicht nach Gründen suchen, um sie zu verstehen.«[18] In einer Begegnung mit Teresa von Avila fängt Johannes vom Kreuz an zu schweben, ihm wird der Boden entzogen (4.1). Es ist die Paradoxie eines Glaubens, der das Antworthafte verliert und gleichwohl oder gerade deswegen (weil es keine oder nur unzulängliche, unbefriedigende Antworten gibt) über die Räume der Verzweiflung hinaus weitere Räume eröffnet, zumindest nicht verschließt und derart erahnen lässt. Der Glaube begibt sich in die eigene Schwebe, wo er Gott über die Offenbarungssemantik hinaus unergründlich Gott sein lässt. Der Glaube macht den Erfahrungsmangel seiner selbst nicht zum Maßstab Gottes selbst, sondern lässt Gott nochmals unendlich größer sein als unsere diesbezüglichen Möglichkeiten und Unmöglichkeiten, und zwar in die Dynamik seiner Güte, Solidarität und Erlösung hinein.

Es macht tatsächlich einen elementaren Unterschied, ob die Unendlichkeit des Universums »aufgehängt« an einen Fixpunkt ist, oder ob diese Unendlichkeit selbst unendlich schwebt. Der unendliche Schöpfer der Unendlichkeit des Alls und der Vielheit der Welten kann »bei der Entstehung der Welt nicht an wenige vorgegebene Formen gebunden gewesen sein. Die Ungenauigkeit der natürlichen Formen und Bahnen ist für Bruno Korrelat der unerschöpflichen göttlichen Allmacht.«[19] Im Originalton von Bruno: Es gibt »nur einen luftigen, ätherischen, … Raum, der Ruhe und Bewegung in sich fasst, einen unermesslichen und unendlichen Schoß (das müssen wir behaupten, da wir mit den Sinnen und der Vernunft keine Grenze entdecken können), und wir wissen sicher, dass dieser Raum als Wirkung und Erzeugnis einer unendlichen Ursache und eines unendlichen Prinzips auf unendliche Weise unendlich sein muss.«[20]

Damit verbindet sich eine *zyklische* Vorstellung von Geschichte, in der es gute Zeiten gibt und schlimme, in der es Aufstiege gibt und ihren Niedergang. Wie die Gestirne befinden sich auch die Zeiten und Epochen in entsprechender Bewegung und verwirklichen darin, wenn man so will, den Aspekt der Schwebe, ganz gegen die Fortschrittsvorstellungen und -ideologien, die sich mit der Aufklärung, mit dem Fortschritt der Vernunft oder gar der menschlichen Ethik verbinden.[21] Aber auch eschatologische Fortschrittsvorstellungen werden obsolet. Solche Fortschrittsresignation tut weh, jede Zeitenwende gebiert ihren eigenen Ruin.

Dies ist der Konflikt, der Bruno zum Ketzer macht und 1600 auf den Scheiterhaufen bringt: Denn auch der »Fixstern«

der Christologie, der Menschwerdungsgeschichte Gottes verliert seine singuläre Bedeutung und hat sich einzufügen in die »emsigen Werkstätten der Metamorphosen des einen Weltstoffes.« Diese Metamorphosen ereignen sich in vielen Welten, im Gewebe zyklischer Zeiten und Räume.[22] In diesem Schwebezustand der Welten gibt es keinen Fixstern mehr, weder den religiöser Offenbarungen noch den angeblich argumentativ schlüssiger Verstehensweisen: »kein einzelnes Faktum, keine Welt, keine Person, kein Heilsereignis durfte nach Brunos großer Prämisse für sich in Anspruch nehmen, die Macht und den Willen, die Fülle und die Selbstverschwendung der Gottheit darzustellen, zu enthalten, zu erschöpfen.«[23] Wäre für Bruno vielleicht Teilhard de Chardin (1881–1955) ein in dieser Weise konstruktiver Gesprächspartner, quer durch die Jahrhunderte hinweg, gewesen? Mit einer kosmischen Christologie, die alles andere als exklusiv singulär oder vielfältigkeitsfeindlich wäre? Es wäre sicher eine interessante theologische Forschung, diese beiden miteinander ins Gespräch zu bringen.

In einer einzigartigen Weise hat Teilhard in seiner Zeit die Paläontologie und die Theologie miteinander ins Gespräch gebracht. Er brachte eine Evolution in den Blick, in der die Menschheit in Liebe und Gerechtigkeit zusammenwächst: im Zusammenhang einer nicht kalten, sondern warmherzigen Kosmologie, in der sich alles, theologisch gesprochen, auf den kosmischen Christus zubewegt. Dies geschieht nicht im Zusammenhang einer theologisch motivierten Simplifizierung der Natur, sondern im Mitgang zu einer immer größeren Komplexität und Vielfalt, die eine Einheit ermöglicht, die der schöpferischen Macht eines unendlich kreativen Gottes entspricht. Hierin hat der Mensch einen aktiven Part zu spielen: als Dynamik zur Versöhnung von Vielfalt und Gegensätzlichkeit im Kosmos, zur Intensivierung weltweiter sozialer Beziehungen und zu einem gegenseitig anerkennenden Verhalten in Richtung auf die Einheit in dieser Vielfalt.[24] Christus ist also nicht (nur) ein Faktor in der Vielfalt, sondern er ist jener universale Raum, in dem alle Faktoren, also alle Welten zu einer Einheit gelangen, die die auch sperrige Vielfalt der Welten ebenso trägt und garantiert, wie ihre Einheit in Liebe und gegenseitiger Anerkennung.

Bei Bruno gibt es eine divers-kommunikative »Einheit« der Gegensätze, die weder synthetisch das Gegensätzliche aufhebt noch ihre Zusammengehörigkeit suspendiert. Sie bleibt in der Schwebe ihrer Unentschiedenheit, wenn man unter Entschiedenheit die Vernichtung eines Poles versteht.[25] So benennt Bruno den Charakter des Aschermittwochsmahles als »groß und klein, meisterhaft und schülerhaft, gottlos und fromm, fröhlich und verdrießlich, herb und mild, ausgelassen und ernst, tragisch und komisch, gläubig und ungläubig, fröhlich und traurig, erleichtert und beschwert, äffisch und würdevoll.«[26] Damit durchbricht Bruno die scholastische Lehrmethode, wo durch Argumentation ein schlüssiges Ergebnis herbeizuführen sei. Bei den heftigen Auseinandersetzungen im Aschermittwochsmahl gibt es keinen nur rationalen Argumentationsgang, der am Ende nur eine Schlußfolgerung zuließe, sondern es sind auch die affektiven Anteile des Spottes, der Wut und der Verzweiflung beteiligt, und niemand wird vom Mahl ausgeschlossen.[27] Am Wahrheitsdiskurs ist deswegen nicht nur die Vernunft beteiligt, sondern alle möglichen Reaktionsweisen des Menschen auf Erfahrungen und Erlebnisse.[28] Die Vernunft selbst ist dann nicht identisch mit schlüssiger Argumentation, sondern eher anzusehen »als eine seltene und unerhoffte Substanz ..., mit der man im Grund nicht rechnen darf, von der man sich nur überraschen lassen kann.«²⁹

Auch Dogmen schweben wie Fixsterne, die keine mehr sind. Und auch die Vernunft gibt es nicht als Einheitskompetenz der Menschheit, sondern es gibt sie interkulturell, plural, und man müsste dies in der Sprache entsprechend verändern, indem man ihren Plural hoffähig macht: Vernünfte! Positionen schweben, auch wenn sie für sich haltgebend sind. In einem weiteren System oder Zusammenhang erweisen sie sich untereinander als Pluralität und beweglich. Mit dieser Beweglichkeit zu »rechnen«, ist die Bedingung gleichstufiger Begegnung. Menschen und Kulturen leben also von vorneherein in einer Vernetzungsschwebe, die als solche dann doch einen gewissen Halt gibt.

Schweben ist immer auch Machtverzicht, denn je mehr mit Macht etwas festgehalten wird, je mehr es also »Fixsterne« gibt, an denen man festhalten will, oder die man festhalten will, desto mehr Zugriffigkeit möchte man haben bis zu der Sehnsucht, etwas oder andere beherrschen zu können.

Die zu Giordano Bruno zeitgenössischen Menschen haben ihn wohl als einen alle Halterungen zerstörenden Menschen erlebt, wie, um einen großen zeitlichen Sprung zu machen, die Band »Käptn Peng & Die Tentakel von Delphi« in ihrem Song »Sockosophie« die totale Verlorenheit und Haltlosigkeit im Universum mit ebenso widersprüchlichen wie gleichgültigen Aussagen zum Ausdruck bringt und wie dieser Song am Ende nur noch der »Socke«, von wo immer sie herfliegt, völlig belang- und grundlos huldigt. Am Ende bleibt man rein zufällig bei der Socke hängen und widmet ihr ein besonderes Lob, was selber nur ein Schmarrn sein kann. Hier Ausschnitte aus diesem Song:

»Nach all den Jahren kann ich es immer noch
 nicht fassen
Woraus hat sich dieser ganze Kram erschaffen ...
Leute, die versuchen, sich mit Gurken festzuschnallen
Ein elegant gestaltetes, jedoch ebenfalls fallendes
Vom Wind schon halb erkaltetes,
der Sicht zum Spaß gefallenes
schallendes Gelächter durch den Wind hallt
Manche machen plötzlich im Wind Halt
Sie stoppen wenn sie schweben und sie lachen sich
 halb tot
Haben aufgehört zu halten und gestalten ihre Not
Um zur Tugend
Sie bemerken, dass das Fallen zum Schweben wird
Wenn man aufhört, sich an Dingen festzukrallen ...
Ein Teil des Teils
Und wieder sein wird wenn du dein Ich
 verschmelzen lässt
Mit allem um dich rum, mit dem Irgend und dem
 ganzen Rest
Licht mit Dunkel, die 0 mit der 1
Bewusstsein mit dem Körper und das Alles
 mit dem Keins
Und so vereinst du den Schein mit dem Sein...
Ja und Nein sind nichts Unversöhnliches
Schwarz und Weiß sind beide Licht
Und die Nonexistenz, die gibt es nicht ...«[30]

1.5 Perlen am Flussgrund

Wenn nach Hannah Arendt Walter Benjamin einem »Perlentaucher« gleicht, der auf dem »Meeresgrund des Vergangenem« Fragmente aus den Korallen bricht, um sie ans Tageslicht zu heben, dann ist dieser Sammler zugleich einer, der den Zusammenhang zerstört, »indem sein Gegenstand einmal nur Teil eines größeren lebendigen Ganzen gewesen ist.«[31] Die Fragmente sind also kostbar, sie haben die Aura von Perlen, eine unbestimmbare Kraft, die in ihnen wohnt, getragen vom Verlust der ursprünglichen Herkunft, aber auch getragen von einer Substanz, die gerade im Fragment das Zerbrochene als Vision, als Traum, als Fiktion repräsentiert, wofür die neuen Konstellationen dieser »Perlen« sich zu dienen bereit machen.

Mit einem Bild von Benjamin selbst: Während der Historismus mit seinem Containerbegriff der Zeit das Kontinuum der vergangenen Ereignisse addiert, steht der Ursprung in der Geschichte quer, und wie der Strudel im Fluss, senkrecht zur Fließrichtung. Die Phänomene haben also ein »Ursprungssiegel« und sind darin mit nahen oder auch weit entlegenen Ereignissen mit ähnlichem Ursprungssiegel verbunden. Man kann auch das Bild von weit auseinanderliegenden Brunnen bemühen, die an ihrem tiefsten Grund mit dem gleichen Grundwasser verbunden sind. Eine Wissenschaft, die sich selbst und der Geschichte nicht auf diesen Grund geht, bleibt an der Oberflächenkontinuität der Ereignisse, eine Masse von Fakten aufbietend, »um die homogene und leere Zeit auszufüllen.«[32]

In der Kontinuität der Tätigkeiten sieht man nur diese. Erst der zur Flussrichtung widerständige Strudel ermöglicht es, auf die Tiefe, auf den Grund des Flusses zu kommen. Das Bild macht auch deutlich, dass es hier nicht zuerst um eine menschliche Aktivität geht, sondern um ein Hineingewirbelt-Werden in die Tiefe einer beglückenden Erfahrung oder aber auch ihres katastrophalen Vermissens. Das sind Erfahrungen, die sich öffnen auf die Unergründlichkeit und Nichtmachbarkeit des Lebens.

Beschleunigung kann schlechtenfalls einen »Fluss« bilden, der an der Oberfläche alles mitreißt und nicht mehr, um im Bild von Walter Benjamin zu bleiben, zur Flussrichtung widerständige Strudel zulässt, in denen erst die Tiefe menschlichen Lebens und Handelns erreicht wird:[33] im Erschrecken vor dem Bösen und vor dem Leid, das unmittelbares Handeln benötigt; und im Innehalten des Mitgefühls oder auch des Staunens, woraus sich wiederum das Engagement speist. Was in den Strudel des Ursprungs hinein gerät bzw. was er nach oben bringt, wird »gerettet«. Es sind Zeiten der Unterbrechung, wo man sich Lebenswichtiges in das Leben holt, wo Verlorenes wieder gefunden wird und versiegte Quellen wieder aufsprudeln. Man kann sich dem Strom der Zeit nicht total entgegenstemmen. Aber es gibt innerhalb des Stroms Strömungen, die im Strom auf einen ganz bestimmten Grund kommen lassen, auf einen Stillstand, der einen bestimmten Ursprung ertasten lässt, von dem neue Perspektiven und neue Kräfte hervorquellen, um dann mit dem Fluss ganz anders zeitbegleitend mitfahren zu können.[34] In den Zeiten der Muße geht es dabei nicht nur um genauere Wahrnehmung von Wirklichkeit, sondern auch um das, was Robert Musil als den »Möglichkeitssinn« bezeichnet hat.[35]

Bei Benjamin verbietet es sich, eine solche Art von Erkenntnistheorie nur als eine formale zu verstehen. Als solche wäre sie für beliebige Gründe und Abgründe offen, auch für den Abgrund des Bösen, der Unterdrückung und der Gewalt. Denn Benjamin verschweißt dieses Gegen-den-Fluss-Stehen des Strudels mit einem ganz bestimmten Verständnis des Kontinuums, nämlich des Kontinuums des Siegers über die Besiegten, der Reichen über die Armen, der Barbarei über die Gerechtigkeit. So wird die Unterbrechung des Kontinuums zugleich zu einer Unterbrechung der Siegergeschichte und des durch sie betriebenen Konformismus. Es geht nicht um irgendein Gegen-den-Strich-Bürsten der Geschichte, sondern um ein ganz bestimmtes Gegen-den-Strich-Bürsten jener Geschichte, die Opfer schafft und Opfer vergisst. Erkenntnisform und Erkenntnisinhalt bilden so eine Einheit: in der Unterbrechung der Kontinuität, wie sie in Grenzerfahrungen geschieht, wird zugleich die Kontinuität der Unterdrückung unterbrochen.

Gegen diesen übermächtigen Feind, der Opfer schafft, beschwört Benjamin die schwache messianische Kraft gegen das Unabgegoltene zugunsten aller Leben, die nichts gegolten haben.[36] Diese Bereiche des Vermissten und Ausstehenden, des »leeren Grabes«, sind mit kontinuierlichen Kausalketten weder im konzeptionellen noch im historistischen Denken entdeckbar. Deren Kontinuität lebt vielmehr davon, das alles zu verdrängen, zu vergessen und in den Weg der Geschichte einzustampfen: durch Verschweigen, durch selektives Erinnern, durch Verschleierung, durch Verharmlosung (wenn der Hungertod von Millionen als »Ernährungskrise« diskutiert wird), durch Herabsetzung und Verhärtung.

Dietrich Bonhoeffer benennt eine solch elementare Erfahrung, wenn er aus der Haft schreibt: »Anfangs beunruhigte mich auch die Frage, ob es wirklich die Sache Christi sei, um derentwillen ich Euch allen solchen Kummer zufüge. Aber bald schlug ich mir diese Frage als Anfechtung aus dem Kopf und wurde gewiss, dass gerade das Durchstehen eines solchen *Grenzfalles* mit all seiner Problematik mein Auftrag sei und wurde darüber ganz froh und bin es bis heute geblieben.«[37]

Zwar wird man nicht jedes Kontinuum allein aufgrund seiner formalen Kontinuität zu verdächtigen haben. Es gibt auch »gute« und zu stützende Kontinuitäten von Strukturen und Gewohnheiten, von gegenseitiger Sicherheit und Zuverlässigkeit. Doch darf man die Gefahr nicht unterschätzen, dass sie in ihrem überindividuellen Ordnungsdrang über die Individuen hinweggehen und deren Begrenzungen nicht in die Bestimmung ihrer (dann eben auch nur bruchstückhaften) »Kontinuität« aufnehmen (können). Das Kontinuum könnte dann nicht mehr störungsfrei, sondern mit Sand im Getriebe »funktionieren«. Zudem geht es bei der Erkenntnis im Extremfall gerade darum, entweder die die Einzelphänomene achtende und aufbauende Wirkung eines Kontinuums zu enthüllen oder dessen das Einzelne instrumentalisierende und zerstörende Realität zu demaskieren. An der Bruchgrenze zwischen Einzelnem und Kontinuum blitzt ihr tatsächliches gegenseitiges Verhältnis auf. Dieser Bruch kann nicht selten als ein Innehalten zwischen Strömung und Strudel erlebt werden, und darin als »kurze« Schwebe zwischen beiden (die auch erlebnismäßig lang sein kann).

Erkennen ist damit nicht primär die empirische additive Anreicherung der quantitativ häufigsten oder qualitativ herrschenden normalen Phänomene, sondern steigt in die »Strudel« der Einzelphänomene hinunter samt deren Ursprung ihrer Gebrochenheit und Unverlierbarkeit: also bis an die Wurzeln unmittelbarer und doch vermittlungsnotwendiger Evidenz.

2. Entrückungen

2.1 »Scheinbar schwerelos bewegt sich die ›Große Schwebe‹«

2008 wurde die Künstlerin Meide Büdel für einen besonderen Altar ausgezeichnet, den sie für die Nürnberger Christuskirche entworfen hatte. Einen Altar aus tonnenschwerem Stahl, der allerdings von der Decke her schwerelos schwebt. Dieser Gegensatz zwischen schwer und schwerelos macht das Ganze buchstäblich spannend. Die Künstlerin hat dafür den Kunstpreis der evangelischen Landeskirche Bayern erhalten.

Die Beschreibung lautet darin: »Die Arbeiten der in Nürnberg lebenden Bildhauerin Meide Büdel sind in ihrer symbolisch-assoziativen Bildsprache im Bereich sakraler Funktionsräume aber auch religiöser Denkräume eine starke Herausforderung für die Wahrnehmung theologischer, philosophischer und gesellschaftlicher Übergänge. Ihre Arbeiten sind nie eindeutig zuzuordnende Zeichen, sondern entfalten sich aufgrund ihres vielfältigen Deutungspotentials als starke code-freie Symbole, die in tieferen Schichten angelegte Bilder hervorrufen und religiöse Gefühle freilegen können.« Und: »Scheinbar schwerelos bewegt sich die ›Große Schwebe‹ im Raum und irritiert die Wahrnehmung. Denn wie bei der Konzentration auf ein Pendel fühlt man sich beim Betrachten der Arbeit so, als würde nicht das Objekt, sondern der gesamte Umraum in eine Schwingung versetzt.«[38]

Der Altar »ist im Spannungsfeld zwischen Tradition und Innovation (Helmut Braun) zu sehen. ... Die Künstlerin nimmt die Leichtigkeit des Raumes auf und schafft einen Mittelpunkt, dem sie mit der Kanzel als Skulptur aus Stahl und Beton eine Korrespondenz verschafft.«[39] »Bei dem neuen Altar ... wurde die Idee, mit Schwerkraft zu spielen, wieder aufgegriffen und poetisch umgesetzt. Einerseits durch die Umverteilung der Gewichtslast nach oben, die das Schwere leicht erscheinen lässt, und andererseits durch die durchhängende Konstruktion der Platte, die wiederum dem vermeintlich Leichten Schwere verleiht.«[40]

»Kirchliche Räume sind offene Räume. Sie sind Räume der Begegnung mit Menschen und mit Gott. Sie sind Orte der Stille und der Zuflucht, in denen Trauer und Angst, Hilflosigkeit und Zweifel ihren Platz haben dürfen. Sie sind auch Freiraum und Spielraum zwischen Vergangenheit und Zukunft. So gesehen sind sie Zwischenräume, in denen Gegenwart lebendig gestaltet werden will. Kunst und Kultur ... bedeuten geistigen Mehrwert für Kirche und können sie vor Eindimensionalität bewahren ... Die Objekte in der Christuskirche in Nürnberg ... strukturieren den Raum, schaffen Bezüge zu ihm, verändern seine Wahrnehmung. Sie werden in liturgische Feiern mit einbezogen. An der abgehängten Stahlplatte (wird) das Abendmahl empfangen. Büdels ... Arbeiten interpretieren Welt und machen Welten sichtbar, die ohne Kunst unsichtbar sein würden. Sie sind Gestaltungen der Gegenwart und weisen dennoch über ihre Zeit hinaus. ... Und sie unterbricht unser gewohntes Begreifen der Welt und erhält damit einen sakralen Charakter. Die Objekte der Künstlerin fordern zu sensibler Wahrnehmung auf, zu Wahrnehmung der Umwelt, des Umraums, des Nächsten, des Fremden. Büdels Kunst mischt sich ein in unser Bewusstsein. ... Wir selbst lernen durch die Beschäftigung mit solcher Kunst die Entwicklung neuer Wahrnehmungen und Sichtweisen. Indem wir mehr das Andere, das Fremde wahrnehmen und zu verstehen versuchen, lernen wir mehr über uns. Kunst und Kultur – wie Büdel sie versteht – sind Einübung in soziales und humanes Handeln. Kunst und Kultur entstehen aus Freiheit. Sie zu domestizieren hieße, ihre Fähigkeit zu Leid und Freude zu untergraben.[41]

Der schwebende Altar ist, so Meide Büdel, »etwas unglaublich Elementares und Mächtiges. An vier nur zwölf Millimeter starken Seilen die Platte aufzuhängen, gibt dem Ganzen, ... eine fast unglaubliche Leichtigkeit. ... Durch die Aufhängung bekommt die Platte ein spirituelles Moment und wird zu einem alles zusammenführenden Ankerpunkt im Raum.«[42]

Patrik Scherrer schreibt dazu: »Seine Abhängung von der Decke suggeriert, dass das Ereignis, dem auf diesem durchaus erhöhten Hort gedacht wird, von oben her gegeben, ein Geschenk vom Himmel ist. Nur der flüchtige Schatten berührt den Boden, lässt ihn stellvertretend für alles Geschaffene die geheimnisvolle Gegenwart des ganz Anderen spüren, der sich uns Menschen an diesem Ort im Abendmahl sinnlich erfahrbar macht und gleichzeitig wie ein Windhauch allem Begreifen entzieht.«[43] Und weiter: »Dieser ganz andere ›Tisch‹ symbolisiert das Außergewöhnliche einer jeden Gottesbeziehung: ihr Geschenk wie ihre Abhängigkeit von der Gnade Gottes. ... Durch seinen schwebenden Zustand vermittelt er zudem etwas Instabiles und verweist die Vergänglichkeit dieser heiligen Handlung und den Bedarf der stetigen Erneuerung.«[44] Hier kommen »Tradition und Zeitgeist innovativ miteinander«, nicht nur von Gott her, sondern auch von den Menschen her, die sich selbst immer wieder in dieser Schwebe dieses Glaubens befinden.[45]

2.2 »Ein gutes Buch ist ...
ein lebensnotwendiges Gut«

Wer ein Buch in die Hand nimmt und aufschlägt, begibt sich, weg von seinem Kontext, in einen anderen Text, in eine andere Welt. Bücher entheben uns der Faktizität und schenken uns vielfältige Phantasien und Gedanken. Wir entschweben der Umwelt und schweben hinein in einen neuen Raum. Wenn Kinder etwas Spannendes lesen, hören und sehen sie nicht mehr, was um sie herum vorgeht. Sie sind ganz »weg«.

Penelope Fitzgerald schreibt in ihrem Büchlein »Die Buchhandlung«: »Ein gutes Buch ist der kostbare Lebenssaft eines meisterlichen Geistes, einbalsamiert und aufbewahrt zum Zweck eines Lebens über das Leben hinaus.«[46] »... und insofern ist es doch wohl ein lebensnotwendiges Gut.«[47] Denis Scheck trifft ins Schwarze: »Literatur ist das Medium, das einem ermöglicht, mehr als tausend Leben führen zu dürfen, ohne mehr als einen Tod sterben zu müssen«:[48]

Dazu gehört noch eine andere »Schwebe«, nämlich das Schmökern in Buchhandlungen, an Bücherständen oder in Bibliotheken. »Schmökern gehörte schon immer zum Buchhandel ... Du musst ihnen Zeit zum Verweilen und Herumblättern lassen.«[49] Und bei Büchern, die nicht gleich verständlich sind, gibt es den Trost: »die werden es nicht verstehen, aber das ist nur gut so. Verstehen macht denkfaul.«[50]

Die Bibliothek eines Menschen hat viel mit seiner Biografie zu tun. Hinsichtlich des Bucherwerbs formuliert dies Carlos María Domínguez in seinem »Papierhaus« folgendermaßen: »Wer sich eine Bibliothek aufbaut, der baut sich ein ganzes Leben auf.«[51] Dieses Leben ist nicht nur Planung und Ordnung, sondern lebt immer auch vom Unvorhergesehenen, vom Chaos des Unvorhersehbaren, vom Zufall, z.B. ob ich ein Buch absichtsvoll kaufe oder ungeplant plötzlich entdecke oder geschenkt bekomme. So bekommt die Bibliothek eine eigene Gestalt, ein Gesicht, mit den Spuren der vielen verschiedenen Zugänge. Das Leben, das darin zum Ausdruck kommt, kann zwar in vielem geplant werden, aber das Interessanteste und Spannendste kommt überraschend, kommt als Zufall (am Bücherstand auf dem Marktplatz), und darin manchmal als Verrücktheit.

Robertson Davies formuliert die Verfallenheit an Büchern so: »Sie selbst war ein Opfer dieser Lust an Büchern, die in der Brust wütet wie ein Dämon, und nicht gestillt werden kann durch häufige und umfangreiche Ansammlungen von Büchern. Diese Passion ist mehr verbreitet und mächtiger als die meisten Menschen es vermuten. Buchliebhaber und Buchliebhaberinnen wird von unbücherischen Menschen unterstellt, sie seien sanftmütig und weltfern, und vielleicht sind einige davon auch so. Aber da gibt es andere, die lügen und stehlen würden, um an Bücher zu kommen, genauso ungestüm und unvernünftig wie ein drogenabhängiger Mensch in seiner Jagd nach Drogen. Sie mögen die Bücher nicht unbedingt sofort lesen, oder überhaupt lesen. Sie wollen sie besitzen, um sie in ihren Bücherregalen aufzureihen, um sie nach ihrem Kommando in die Hand nehmen zu können.«[52]

2.3 »*Musik war das Anti-Wort!*«

Für die Sturm- und Drangzeit war die Einsicht bedeutsam, dass die die Geschichte der Menschen bewegende Grundkraft weniger erkannt »denn als schöpferische Lebendigkeit gefühlt (wird), und erst wenn sie gefühlt und gelebt wird, kann sie auch verstanden werden.«[53] Dichtung, Musik, Kunst und Tanz[54] entdecken solche Offenbarungen und heben sie in eine aktuelle Erfahrbarkeit. Oft sind es ästhetische Räume in der Schwebe.

Milan Kundera formuliert in seinem Roman »Die unerträgliche Leichtigkeit des Seins« eine ähnliche Sehnsucht von der Bedeutung zu ihrer Auflösung in der Musik: »Es wurde ihm klar, dass er seit seiner Jugend nichts anderes tat als reden, schreiben und Vorlesungen halten, Sätze bilden, nach Formulierungen suchen und sie verbessern, so dass ihm zum Schluss kein Wort mehr präzis vorkam und der Sinn verschwamm; …Da sehnte er sich unwiderstehlich, wenn auch unbestimmt, nach einer gewaltigen Musik, nach einem riesigen Lärm, einem schönen und fröhlichen Krach, der alles umarmte, überflutete und betäubte, in dem der Schmerz, die Eitelkeit und die Nichtigkeit der Wörter für immer untergingen. Musik war die Negation der Sätze, Musik war das Anti-Wort!«[55]

Gute Musik und entsprechende Auswirkungen gibt es in vielen musikalischen Bereichen, von der guten »Volksmusik« in Familien, über die Pop-Kultur bis hin zur gemeinsamen Erfahrung und Gestaltung klassischer Werke. Anke Bosse bringt dafür ein eindrückliches Beispiel: nämlich Daniel Barenboims und Edward Saids Orchesterprojekt »West-Eastern Divan«, in dem israelische und palästinensische junge Menschen gemeinsam musizieren. Sie können heftig diskutieren, aber wenn jemand das A anspielt, dann nehmen alle das A und stimmen ihr Instrument. Im Bereich der Musik, der gemeinsamen Proben und der Aufführungen wird dabei von den Musizierenden und auch vom Publikum auf eine gewisse Zeit hin, nämlich so lang die Musik spielt, eine Verbindung erfahren, die in sich selbst alle anderen als musikalischen Differenzen im Vollzug »aufhebt«, in einer Musikerfahrung, die die kulturellen und religiösen Differenzen hintergeht, unterläuft und in dieser neuen und anderen, gewissermaßen vierten Dimension eine neue Gemeinsamkeit erleben lässt. Doch dieser ästhetische Raum, der alle trägt, geht wieder zu Ende. Aber es wurde etwas erlebt, was dann doch in den Alltag hinein ausstrahlt und nicht leicht vergessen wird, was dann auch manche Einstellung zum Anderen um bisherige Erstreaktionen bringt und so neue Möglichkeiten eröffnet.[56] Die Musiker:innen sind in ihren verfeindeten Heimatländern diejenigen, die sich für Frieden einsetzen.[57]

Szenenwechsel: Der palästinensische Musiker Marwan Abado und der österreichische Pianist Paul Gulda lassen in einem Konzert abendländische und arabische Musik begegnen.[58] Es ist wunderbar, diese musikalische Verbindung von zwei Welten, von Okzident und Orient in Poesie und Musik erleben zu dürfen: eine eindrückliche Begegnungserfahrung aus unterschiedlichen Kulturen, zwischen dem Cembalo und der Oud, zwischen Bach und arabisch-palästinensischer Musik. Feinfühlig, fragil, sich in die andere Welt hinein ein-, ja verhörend, sich gegenseitig ertastend bis hin, dass in die palästinensische Eingabe, dann selbst ein Stück von Bach eingespielt wird. Und nicht nur die arabische Musik, sondern auch Bach öffnete sich für eine leidsensible palästinensische Poesie. So entstehen Erfahrungen für die Freiheit der anderen Welt und des anderen durch musikalische Einfühlung als Basis eines möglichen Verstehens, oder auch »nur« als Erfahrung einer Klang- und Wortwelt, die man nicht versteht, deren Tiefe man aber erahnen kann.

In solchen Unternehmungen werden gemeinsame Räume entdeckt, wo in der ästhetischen Schwebe zwischen dem Differenten Gemeinsames erlebt werden kann. Es sind dies Räume, die auf einem neuen unhintergehbaren Niveau der gegenseitigen Wahrnehmung herrschende Gegensätze außer Kraft setzen.

Aus dieser Perspektive bräuchte man eine Gesellschafts- und Kulturpolitik ästhetischer Räume, mit der Frage danach, wie weit unsere Unterhaltungs- und Massenmedien, wie weit Film und Fernsehen, Theater und Museen, Kunst und Musik, Literatur und Religion schier unendlich weite »schwebende« Räume eröffnen, die in einer tragenden und Solidarität ermöglichenden Weise auf das alltägliche Leben und die kleinen und großen politischen Entscheidungen ausstrahlen. Literatur, Musik und Kunst sind aus dieser Perspektive »Medien«, ganz nahe gebaut an das Vorgängige, mit bestimmten Auswirkungen auf die Alltäglichkeit, erlebnistief und zugleich darin ambivalent und von den Auswirkungen her kritisierbar.[59] Wenn Daniel Barenboim am 7. Juli 2001 das erste Mal in Israel öffentlich Richard Wagner dirigiert hat, zeigt sich darin der schwierige und auch sehr kritisierte Versuch der Wiedergewinnung Wagners für eine Musik, die verbindet und davon befreit wird, nur auf ihre Instrumentalisierung durch den Nationalsozialismus für die Ästhetisierung schrecklicher Ausgrenzung und Zerstörung fixiert zu bleiben.

Kunstwerke haben die Aura, nie (ganz) verstanden zu werden. Und etliche Künstler und Künstlerinnen bestehen darauf, die Erklärungsmöglichkeiten nicht bis zum Äußersten zu treiben, sondern vielmehr gering zu halten. Was die Artefakte dann »tatsächlich« bedeuten, bleibt immer etwas oder gehörig in der Schwebe. Jedenfalls was das Verstehen anbelangt. Man ist nie ganz sicher, ob die eine Bedeutung zutrifft, wie viele es überhaupt gibt, und offen bleibt vor allem, wer sich und anderen diese Bedeutungskompetenz zuschreibt. Die längere und suchende Betrachtung eines Bildes entspricht oft der Bedeutungsschwebe dieses Kunstwerkes.

Signifikant für die Umstellung von der Dynamik der Vereindeutigung zur Dynamik der Schwebe ist der Film »Anatomie eines Falls« (2023). Mit den Worten der Regisseurin Justine Triet: „Aber anders als in dem meisten Gerichtsdramen, bei denen allmählich die Wahrheit zu Tage tritt, werden die Dinge hier immer komplexer. Je mehr man erfährt, desto weniger weiß man am Ende." Eine Auflösung gibt es nicht. Alles bleibt in der Schwebe und damit offen für die Freiheit, aber auch für die kaum bewältigbare Last des Publikums.[60]

Eines der schwierigsten theologischen Themen, nämlich die geheimnisvolle Unergründlichkeit Gottes in das Paradox von Erfahrbarkeit und Entzug zu führen, kann mit jener Kunstrichtung in Verbindung gebracht werden, die ihrerseits Erfahrungsräume zerbricht, unterbricht, einmal mit Schweigen und Stille, zum Beispiel die Stille bei John Cage (1912–1992), ein andermal mit radikaler Gegenstandslosigkeit, zum Beispiel die ungegenständliche abstrakte Gemäldeart von Robert Rauschenberg (1925–2008) oder Kasimir Malewitsch (1878–1935).

Das Stück *4'33"* von John Cage[61] wurde am 29. August 1952 in New York uraufgeführt. Anregung für die Partitur waren unter anderem die *White Paintings* von Robert Rauschenberg.[62] Der Titel gibt eine Aufführungsdauer von 4 Minuten und 33 Sekunden vor, mit der Anweisung ›Tacet‹ für alle drei Sätze, das heißt, es werden im gesamten Werk keine hörbaren Töne, sondern nur Stille erzeugt. In der Uraufführung zeigte der Pianist David Tudor die drei Sätze durch Schließen und Öffnen des Klavierdeckels an.

Das Wahrnehmen bleibt per se in einer gegenseitigen Schwebe, aber gerade darin in einer eindringlichen gegenseitigen Erschließungskraft von Kunst und Theologie (hier besonders der Geheimnistheologie von Karl Rahner, 4.6), jenseits aller unangemessenen Zugriffigkeit, prinzipiell unabschließbar und doch mit den Möglichkeiten des Nachdenkens über die Unterbrechung des Nachdenkens und in der Freigabe von Bedeutungen. Durchgehend wird dann klar, dass der angesprochene Verzicht auf vorschnelle Konturen kein formales und inhaltsloses Unternehmen ist, sondern einer Humanisierung zugutekommt, die die eigene Intentionalität zugunsten der Freiheit und Autonomie jeweils anderer Wirklichkeiten zurückzustellen vermag und ihnen ihr Geheimnis lässt. Kunstwerke können dann zum aus dem kontrollierten Alltag Ausgeschlossenen hin öffnen: »Die Kunst zeigt, was der Mensch selbst nicht von sich weiß oder lieber vor sich und anderen verstecken würde, die Kunst zeigt, was er und diejenigen, die täglich mit ihm zu tun haben, nicht sehen wollen oder von dem sie nicht gern zugeben, dass sie es gesehen und gewusst haben.«[63]

2.4 »In der Luftschaft segeln«

Warum beschäftigt mich dieser fünfviertelstündige Flug so? Ich war doch schon öfter in den Lüften, in kleineren und größeren Maschinen. Der Flug war ein Geschenk zu meinem Geburtstag. Der Club hat einen neuen Segler erworben: im fantastischen Weiß, makellos glatte Oberfläche, schlank, elegant, wie ein vom Himmel geholter Silberstreif. Ich bekomme den Fallschirm angelegt, steige in den hinteren Sitz des Zweisitzers. Ach, denke ich, so fest geschnürt könnte ich kaum singen, dass »die Freiheit wohl grenzenlos« sei. Es sei sein vierhundertfünfzig so und so vielter Start, bemerkt der Freund vor mir, und ich denke getröstet: Wenn er so viele Flüge überlebt hat, dann wohl auch mit mir diesen. Der Motorflieger startet vor uns, und wir bekommen ein rumpelndes Tempo – plötzlich verschwindet das Rumpeln. Dann gibt es einen harten Knall. Mein steuernder Vordermann hat das Zugseil ausgeklinkt.

Und jetzt beginnt, was mich so nachhaltig beeindruckt hat und was ich vorher nie so erlebt habe: die Erfahrung der Luftlandschaft – aber eigentlich ist dieses Wort ein Widerspruch in sich. Und doch werde ich so etwas entdecken, dass es, wie eine Landschaft auf der Erde, auch so etwas wie eine »Luftschaft« am Himmel gibt. Ein echtes Faszinosum: Die Sphäre über uns, die von unten so einfach ausschaut, erlebe ich in der Schwebe des Segelflugs als vielschichtig, vieldimensional und ungeahnt dynamisch. Ja, es gibt wirklich nicht nur eine Landschaft auf der Erde, sondern analog dazu eine Luftschaft darüber. Motorflieger haben wohl zu viel Eigenantrieb, als dass sie viel davon erleben könnten Das ist nur in der Schwebe zwischen den Winden möglich.

Der Segler tastet die Tektonik dieser Luftschaft ab, entdeckt darin seine eigenen Möglichkeiten und Grenzen. Und er tut dies ohne fremden und die Umgebung entfremdenden Lärm. Zwar sind die Strömungen der Luft zu hören, die fallenden und die aufsteigenden, etwas leiser die in einer bestimmten Höhe tragenden Winde. Manchmal habe ich das Gefühl, der Segler funktioniert für die Insassen wie ein sensibles Mikrofon für all das, was außerhalb von ihm und mit ihm geschieht: um uns etwas zu Gehör zu bringen, was man sonst nicht hört. Das Unsichtbare wird hörbar, und nicht nur das: seine elementare Kraft ist unmittelbar, ganz körpernah zu spüren, durch die dünne weiße Wand weniger getrennt als membranenhaft übertragen. Der Pilot reagiert entsprechend, taucht förmlich in diese Dynamik ein und integriert den Flieger in das Spiel der entbotenen und entzogenen Kräfte. Man kann sich des Eindrucks nicht erwehren, als ob dieses weiße Filigrangebilde, das uns trägt, schon immer zu dieser Dynamik dazu gehört hätte, um ihr, Teil ihrer selbst, eine gewisse Sichtbarkeit zu schenken. Der Silberstreif ist in den Himmel zurückgekehrt.

Ich habe keine Ahnung von der Fachsprache des Segelflugs. Es sei mir aber vielleicht dennoch erlaubt, meine eigene Sprache zu suchen und zu finden, um dem Ausdruck zu geben, was mich so beeindruckt hat. Zunehmend spüre ich, wie mich das alles in seinen Bann schlägt: die Messgeräte vor mir, wenn sie anzeigen, dass wir steigen, dass wir gleiten, dass wir sinken. Der Segler reagiert auf das Kräftespiel der Lüfte und versucht immer wieder, sie zu nutzen.

Am spannendsten empfinde ich es, wenn der Segler, so scheint es, mit einem seiner langen schlanken Flügel die Luft abtastet, um den Rand eines Aufwindes zu erreichen, in dessen Thermik (ich hoffe, das Wort zutreffend zu verwenden) der Flieger dann bis zu einer Neigung von mehr als 30 Grad im Steilkreis wendeltreppenhaft nach oben dreht: einen, drei, fünf und sechs Meter pro Sekunde. Und ich merke, wie die Erde nach unten flieht. Und ich sehe nichts von dieser Kraft in der Luft, ich spüre sie »nur« und »sehe« sie auf der Höhenanzeige: fast 1000 Meter haben wir erreicht. Aber auch diese Aufwinde sind keine sicheren Gesellen. Seitenwinde lassen sie in unterschiedlichen Höhen hin und her schlängeln, so dass der Segler so schnell, wie er hineinkam, auch wieder draußen ist und nochmals tastend nachzufassen hat. Dann wieder gibt die Luft keine solchen Kräfte her. Der Segler verliert dann schnell an Höhe. Will er wieder höher und damit weiterkommen, muss er einen neuen Auftrieb finden. Eine andere Möglichkeit gibt es nicht. Und so kann es schon mal vorkommen, dass man den Flugplatz nicht mehr erreicht und im Acker landet (ein erfahrener Pilot hat solche potentielle Landemöglichkeiten immer im Blick). Wer sich auf das Schweben in den Lüften einlässt, entkommt dieser Ohnmacht nicht. Die Berechenbarkeit ist zu klein, die Abhängigkeit vom Zufall zu groß.

Als wir landen, bin ich wie benommen von alledem. Ich suche nach den ersten Worten, um zu beschreiben, was ich fühle, und bin nicht zufrieden. Erst nachträglich dieser schriftliche Versuch, etwas von dieser Stereo-, ja Quattroerfahrung himmlischen Schwebens überzubringen!

2.5 »Seht, wie der Himmel in den Bechern funkelt!«

Bei Hafis, dem persischen Dichter, der Goethe im Alter jahrelang beschäftigte (3.2), ist es besonders der Wein, der für das Wesentliche öffnet. Wein lässt hoffnungsvoller, schöner, aber auch trauriger sehen. Die Schwebe des Rausches vertieft vieles.

Hafis ist in Schiras in Persien geboren und hat von etwa 1315 bis 1390 durchgehend in seiner Heimatstadt gelebt. Schon als Kind konnte er den Koran auswendig. Als Jugendlicher erlernte er das Bäckerhandwerk. Es bekam den Namen Hafis (was der Bewahrende heißt), weil er den Koran perfekt auslegen konnte. Er war Mitglied des Sufi-Ordens, kannte also auch die Traditionen islamischer Mystik. Er wurde Scheich in ihrer Gemeinschaft.

Er war der berühmteste Koranausleger seiner Zeit. Schon bald wurde er Koranlehrer und Hofdichter beim Schah. 1333 wurde er nach der Eroberung von Schiras entlassen. In dieser Zeit schrieb er Protestlieder und vor allem sein bekanntestes Werk, den Divan, in Form von Ghaselen, nämlich einer lyrischen

Gedichtform, die im Vorislamischen wurzelt. Seine Gedichte drehen sich um Liebe, Trennung, Sehnsucht, Schönheit, Genuss, Wein und darin immer gegen jede Art von religiöser Unechtheit und Gängelei.

Er kannte die eigene Religion, den eigenen Glauben bis ins Kleinste. Auf dieser Basis konnte er das umso intensiver erleben, was all das überstieg: Liebe, Wein und Natur. Bei Hafis sind diese »direkten« Erfahrungen Räume der Entgrenzung und Horizonterweiterung.

Aber hören wir Hafis selbst:

> Wein her!
> Den Stein der Weisen her! Den Becher, Schenke,
> Der alles in sich schließt, was köstlich ist!
>
> Wein her! Ich will der Erde Hass und Hochmut
> Abwaschen mir vom härenen Gewand!
>
> Wein her! Ich will das Netz des pfäffischen Unsinns,
> Das uns umgarnen will, in Stücke reißen!
>
> Wein her! Ich will die Erde mir erobern
> Zu Füßen mir die ganze blühende Welt!
>
> Wein her! Ich will zum Himmel auf! Das Diesseits
> Und Jenseits übersegel‹ ich kecken Flugs!
>
> Wein her! Wein her! Bring mir den Becher, Schenke,
> Der alles in sich schließt, was köstlich ist![64]

Oder aus dem Gedicht »Der verliebte Zecher«:

> Ich flehe auf zum Himmel: Allah nimmer
> Erlöse mich aus diesem süßen Bann,
> Die sie die Sünde nennen: Wein und Liebe![65]

Oder sein »Trinklied«:

> Fort die Gedanken, Freunde! Auf zur Schenke,
> Wo in den Bechern blinkt der rote Wein.
>
> Seht, wie der Himmel in den Bechern funkelt!
> Laßt alles Tiefe und Gedachte sein!
>
> Auf, auf! Lernt endlich diese Welt erkennen,
> Des Lebens tiefste Weisheit liegt im Wein!
>
> Hebt ihr die vollen Becher an die Lippen,
> So dringt ihr wahrhaft in das Leben ein!
>
> Fort, fort mit allen gleißenden Gedanken!
> Tief ist der Rebensaft! Schenke, schenk ein![66]

Oder: »Der zuversichtliche Sünder«:

> Auf! Krönt meine Sünde mit Lob und Preis!
> Wer so wie Hafis zu sündigen weiß,
> Zieht einst in Allahs Rosenhain
> Begnadet und mit Zimbeln ein.[67]

Oder auch: »Bekenntnis«:

Den vollen Becher lieb ich. Dürre Weisheit
Ist mir verhaßt bis auf den Grund der Seele ...

Die knochigen Hände heiliger Männer meid ich, –
mich lockt nur eine samtene Mädchenhand.

Die sehr gelehrten Büchereien meid ich –
Im blühenden Buch des Frühlings les ich gern.

Mein Haß gilt den Vernünftigen. Ich liebe es
Mit taumelndem Haupte durch den Lenz zu ziehn![68]

Den Wein gibt es auch bis ins Zentrum der christlichen Offenbarung hinein. Nicht von ungefähr ist das erste Wunder im Johannesevangelium beim Hochzeitsfest in Kana (2.5) ein Überflusswunder, eine Verschwendungsorgie an Wein, kein Wunder, das einen Mangel behebt. Auch liturgisch, im Abendmahl, reicht der Wein bis in das Zentrum sakramentaler Feier hinein und öffnet darin für die Geheimnisse des Glaubens. Religion als »Opium für das Volk« gewinnt von daher ein durchaus anderes Vorzeichen.

Von daher freut es mich besonders, dass mein Namenspatron, der Heilige Otmar, mit dem Attribut eines Weinfässchens dargestellt wird. Seine alemannische Volksverbundenheit und die damit verbundene relative Unabhängigkeit des Klosters wurden den fränkischen Grafen zunehmend ein Dorn im Auge. 759 wurde Otmar gefangen und unter falscher Anklage erst zum Hungertod verurteilt, dann begnadigt und auf die Insel Werd im Bodensee verbannt, wo er noch im gleichen Jahr, und zwar am 16. November 759 einsam starb. Etwa zehn Jahre später wurde sein unversehrter Leichnam von der Werd nach Sankt Gallen zurückgebracht. Die Legende erzählt: Der Sturm konnte dem Boot nichts anhaben. Und die Pilgerflasche mit Wein wurde nicht leer (es war dann wohl beides, ein Mangelwunder, denn die Mönche hatten Durst, und, wie es in der Natur des Weines liegt, auch ein Überflusswunder, denn sie konnten wohl nicht gut aufhören). In seinen Darstellungen bekommt Otmar deshalb neben dem Abts-Stab immer auch ein Weinfässchen in die Hand.[69]

3. Poetische Eskapaden

3.1 »Ich setzte den Fuß in die Luft und sie trug.«[70]

Hilde Domin (1909–2006) hat die Erfahrungsform der Schwebe eindringlich ins Gedicht gebracht:[71]

>Nur eine Rose als Stütze
>
>Ich richte mir ein Zimmer ein in der Luft
>unter den Akrobaten und Vögeln:
>mein Bett auf dem Trapez des Gefühls
>wie ein Nest im Wind
>auf der äußersten Spitze des Zweigs.
>
>Ich kaufe mir eine Decke aus der zartesten Wolle
>der sanftgescheitelten Schafe die
>im Mondlicht
>wie schimmernde Wolken
>über die feste Erde ziehen....
>
>Aber ich liege in Vogelfedern, hoch ins Leere gewiegt.
>Mir schwindelt. Ich schlafe nicht ein.
>Meine Hand
>greift nach einem Halt und findet
>nur eine Rose als Stütze.

Und aus dem Gedicht *Rufe nicht*:[72]

>Sieh die Wolken ziehn.
>Sei bescheiden, halte nichts fest.
>Sie lösen sich auf.
>Auch du bist sehr leicht,
>Auch du wirst nicht dauern.

In ihrer Lyrik selbst baut sich Hilde Domin eine »schwebende Bleibe«. Eine Art »magischer Spiegel« ist das poetische Kunstwerk in Hilde Domins Erörterung »Wozu Lyrik heute«:[73]

»Der Lyriker bietet den Menschen etwas, das nicht wieder nur Vorbereitung für etwas anderes wird: das ›Unnütze‹ und zugleich ›Unverzichtbare‹, wie wir es definierten, das, worauf es in Wahrheit ankommt. …Der Lyriker bietet uns die Pause, in der Zeit stillsteht. Das heißt, alle Künste bieten *diese* Pause an. Ohne dies Innehalten, für ein ›Tun‹ anderer Art, ohne die Pause, in der Zeit stillsteht, kann Kunst nicht angenommen werden, noch verstanden noch zu eigen gemacht. Darin ist die Kunst der Liebe verwandt: Beide ändern unser Zeitgefühl. … Daher ist die Selbstbegegnung des Lyrikers zugleich einmalig und Modell von Begegnung überhaupt: mit den andern, mit der Wirklichkeit. Unwiederbringlicher Augenblick, Zeit außer der Zeit. Im Gedicht ist er eingefroren, auftaubar. Wirklicher als die Wirklichkeit: ihr jeweils neu und anders realisierbarer Potentialis. … Das ist die innere Dialektik der Dichtung, in der nichts ohne seine Gegenseite ist, und in der man nichts ›wollen‹ darf und auf alles verzichten muss außer auf den Mut zur Wahrhaftigkeit. …Den ›Mut seiner Erfahrungen‹ zu haben, ohne den es Lyrik nicht gibt, ist, gegen den Trend zu gehen, nicht zu sein wie jeder: nicht verwechselbar, nicht berechenbar und daher nicht ›verwendbar‹, eben lebendig. … Wir sind für einen Augenblick Subjekt, nicht Objekt der Geschichte. *›Wir machen etwas aus dem, was man aus uns gemacht hat.‹* … Es ist dies eine Illusion, gewiss. Und doch mehr als eine Illusion. Etwas, was sich im Bewusstsein abspielt, in einem Augenblick des ›Innehaltens‹ in der Zeit, einem Augenblick höchster Identität und Befreiung. Etwas, was wirken kann über diesen Augenblick hinaus, oder auch nicht. In dem Innehalten ist das ‚Unvorhergesehene‹. Seine Möglichkeit. Ein

Sprungbrett ist da, von dem gesprungen werden kann, wo sonst gestoßen würde. Atemraum für etwas wie Entscheidung.«

Etwas anders und doch wieder ähnlich versteht der Siebenbürger und wahlschwäbische Dichter Hellmut Seiler seine Lyrik als »Schwebebrücken aus Papier«, denn die magische Poesie besteht darin, »einen sozusagen über den Dingen schweben zu lassen«.[74]

Und die Schriftstellerin Judith Hermann, die 2023 den »Wilhelm Raabe-Literaturpreis« 2023 erhielt, lässt »einen atmosphärisch dichten Schwebezustand entstehen, ein beständiges Changieren zwischen Realität und Fiktion, zwischen Zeigen und Verbergen, das kaum mehr aufzulösen ist – und das auch nicht nach Auflösung verlangt.« So die Begründung der Jury, bezogen auf ihr Buch »Wir hätten uns alles gesagt« (Frankfurt/M 2023). Und weiter: »Es sind Erzählungen über das Schweigen und Verschweigen-Müssen, über die Annäherung an das Unsagbare, das den Urgrund ihres Schreibens ausmacht – wenn nicht von Literatur und Kunst überhaupt.«[75]

Man darf hier auch an den norwegischen Schriftsteller Jan Fosse denken, der seine Romanfigur (in der Romanreihe »Der andere Name«), den Maler Asle, in der Schwebe sein lässt, ob und wann ein Bild fertig sei. Felix Stephan hält diese Szene überhaupt für eine gute Illustration der Ästhetik Fosses.[76]

3.2 »Zwischen zwei Welten schwebend«

Die Poesie schafft einen Imaginationsraum, in dem affektive und kognitive Identifikationen mit anderen Wirklichkeiten möglich sind. Auch Goethes »West-östlicher Divan« kann in seiner »poetischen Anverwandlung« als ein solches Begegnen wahrgenommen werden. Im Zentrum steht dabei eine intensive Schule des Einfühlungsvermögens.

Der altgewordenem Goethe lernt 1814 den Divan, also die Gedichtsammlung des persischen Dichters Hafis kennen. Dabei hatte er die neue Übersetzung von Hammer-Purgstall (1812) zur Hand.[77] Goethe schrieb *seinen* west-östlichen Divan 1814–1819, nachhaltig inspiriert vom »Divan« des Hafis und im dauernden intensiven Dialog damit.

1815 schreibt Goethe hinsichtlich der Gedichte von Hafis: »…und ich musste mich dagegen produktiv verhalten, weil ich sonst vor der mächtigen Erscheinung nicht hätte bestehen könne. Die Einwirkung war zu lebhaft, … und ich musste also hier Veranlassung finden zu einer Teilnahme.« Es geht Goethe also nicht nur um das rezeptive Lesen, sondern um ein eigenes produktives Verhalten, um eine Partizipation an der Poesie des persischen Dichters. Dies geht nicht anders denn durch ein Nachdichten seiner Poesie, durch eine »imitatio«, nicht im oberflächlichen Sinn, sondern im Sinn einer Verhaltenshermeneutik, analog zur Verhaltenstherapie, in der nicht nur und zuerst über die Anamnese, sondern über die eigene unmittelbare Verhaltensveränderung Verstehen ermöglicht wird. Zwischen 1814 und 1819 erlebt Goethe eine Art von Hingabe des Poeten an den anderen Poeten, durchaus verbunden mit Anteilen einer Selbstaufgabe in dieser Begegnung.

Nacherleben durch Nachahmung meint also ein substantielles, die eigene Existenz ganzheitlich erfassendes Erfühlen anderer Wirklichkeit. Auch rational Nichtverstandenes kann in dieser Form »nachgeahmt« werden, im Sinne eines leiblichen »Verstehens«, eines körperlichen Erfühlens von Wirklichkeit. Und dies ist möglich in jedem Alter, im Kindergarten, auch mit geistig behinderten Menschen. Manches kann man nicht verstehen, kann man aber im Tun erahnen und dann rückt der Verstand nach, annäherungsweise. Wer nachempfinden will, was die muslimische Gebetshaltung an körperlich ausgedrückter Ehrfucht vor Gott bedeutet, muss diese Haltung mit dem eigenen Leib erleben. So ist es auch mit dem Leben, es ist einmal körperlich gegeben mit der Geburt, das Verstehen dieses geschenkten Lebens, die Erfahrung von Sinn oder auch dem Gegenteil davon kommen nachträglich im Zusammenhang mit diesem geschenkten Leib und Leben.

Es ist eine Art experimenteller Archäologie, insofern in der eigenen Welt experimentell umgesetzt wird, was damals (in der Archäologie) bzw. heute anderswo (im interkulturellen Bereich) gelebt und erlebt wurde bzw. wird. Um zum Beispiel tatsächlich zu erfahren, wie die Menschen in den Pfahlbauten gelebt haben, versucht eine experimentelle Gruppe in diesen Bauten unter ähnlichen Voraussetzungen wie vor Hunderten von Jahren zu leben. Damit gräbt man nicht nur Gegenstände aus, sondern rekonstruiert den lebendigen Kontext der Gegenstände im eigenen Erlebnisbereich.

So schreibt Goethe im Buch Hafis im Gedicht »Nachbildung«:

> In deine Reimart hoff ich mich zu finden,
> Das Wiederholen soll mir auch gefallen.[78]

Was in der experimentellen Archäologie durch Rekonstruktion geschieht, geschieht in der experimentellen poetischen Hermeneutik Goethes durch die Überbrückung der Exteriorität mit Hilfe der dichterischen Empathie. Vielleicht kann man sie als eine nicht kolonialistische, uneigennützige Weise beschreiben, sich in das Innere der anderen Welt hineinzubegeben und dafür alles aus dem eigenen Bereich heraus zu investieren, um dieses Innen möglichst authentisch zu erleben, wenigstens nachzuerleben.

Der indische Germanist Anil Bhatti bringt Goethes Zitat »… zwischen zwei Welten schwebend …« als die Überschrift seines Aufsatzes über Goethes nichtkoloniale und nichthegemoniale Begegnung mit dem persischen Dichter Hafis im West-östlichen Divan.[79] »Das Schweben nimmt eine postkoloniale Haltung vorweg, die harte Grenzziehungen vermeidet und den Zwang des aristotelischen ›entweder/oder‹ ersetzt durch das kleine ›sowohl/als auch‹. Es geht nicht um festumrissene Identitäten, die sich gegenüberstehen und in Verhandlungen eintreten. Übergänge werden geschaffen. Der Schwebezustand relativiert starre, eindeutige Grenzziehungen. So führt Goethes orientalisches Spiel die *Möglichkeit* eines nicht-hegemonialen Diskurses als Gegenbild zum hegemonialen Diskurs des im Kontext des Kolonialismus entstandenen *Orientalismus* als Ansatz vor.«[80] Damit bietet Goethe bereits das Gegenmodell zum starren Kulturraumdenken: Es »ist der entgegengesetzte Versuch, die Welt als ›Multiversum‹, als plurikulturellen Zusammenhang zu denken.«[81] Und weiter: »In der *Divan-Lyrik* wird die Tatsache, dass es kulturelle Differenz gibt, wahrgenommen; aber sie wird nicht essentialisiert. Anstatt Kulturdifferenz einzufrieren und sie dann für die Hermeneutik vom eigenen und fremden verfügbar zu machen, hat Goethe das Moment der Verschränkung zwischen Ost und West in den Vordergrund gestellt.«[82]

Goethe schreibt selbst: »Meine Absicht ist dabey, auf heitre Weise den Westen und Osten, das Vergangene und Gegenwärtige, das Persische und Deutsche zu verknüpfen, und beyderseitige Sitten und Denkarten übereinander greifen zu lassen.«[83] Bhatti analysiert weiter: »Indem Goethe in die Rolle des Beduinen hineinschlüpft, unterminiert er jenen hermeneutischen Akt, der zwischen den festen Polen des Eigenen und Fremden vermitteln soll. Das performative Element des Verwandelns zeigt die Grenzen der Dialogizität, welche ohne feste Identitäten nicht funktioniert, auf.«[84]

Goethe weiß, dass dies eine lange Reise bedeutet: »Der Dichter betrachtet sich als einen Reisenden. Schon ist er im Orient angelangt. Er freut sich an Sitten, Gebräuchen, an Gegenständen, religiösen Gesinnungen und Meinungen, ja, er lehnt den Verdacht nicht ab, dass er selbst ein Muselman sei.«[85] Es ist ein Genuss, vor allem, wie bei Hafis, auch des Trinkens (2.5):

> Und mit diesem Lied und Wendung
> Sind wir wieder bei Hafisen,
> Denn es ziemt des Tags Vollendung
> Mit Genießern zu genießen.[86]

Im Buch Hafis thematisiert Goethe die Spannung, auch den Widerspruch zwischen Glaube und Poesie, zwischen Hafis und dem Koran, zwischen Lehrprophet und Poet:

> Offenbar Geheimnis
>
> Sie haben dich, heiliger Hafis,
> Die mystische Zunge genannt,
> Und haben, die Wortgelehrten,
> Den Wert des Worts nicht erkannt.
>
> Mystisch heißest du ihnen,
> Weil sie Närrisches bei dir denken
> Und ihren unlauteren Wein

In deinem Namen verschenken.

Du aber bist mystisch rein,
Weil sie dich nicht verstehn,
Der du, ohne fromm zu sein, selig bist!
Das wollen sie dir nicht zugestehn.«[87]

Prophet und Poet sind beide von Gott ergriffen, »der Poet aber vergeudet die ihm verliehene Gabe im Genuss um Genuss hervorzubringen«, er versäumt Zweckausrichtungen, »sucht mannigfaltig zu seyn, sich in Gesinnung und Darstellung grenzenlos zu zeigen. Der Prophet dagegen sieht nur auf einen einzigen bestimmten Zweck… Irgendeine Lehre will er verkünden und, wie um eine Standarte, durch sie und um sie die Völker versammeln. Hierzu bedarf es nur dass die Welt glaube, er muss also eintönig werden und bleiben. Denn das Mannigfaltige glaubt man nicht, man erkennt es.«[88] Hafis und Goethe aber sind Poeten und bringen so quer durch alle Kulturen und Religionen hindurch und sie überbrückend eine eigene Qualität der gegenseitigen Annäherung mit sich, das »Gefühl nachbarlicher Verhältnisse«.[89] Goethe weist einen guten Weg: nämlich sich in den ästhetischen Raum des Anderen so hineinzubegeben, dass man sich darin im besten Sinn des Wortes verliert und dann aber auch neu und anders gewinnt.

Wenn man genauer hinschaut, dann gibt es eine Menge »tieferer« Verbindungen von Menschen als ihre Differenzen es erahnen lassen: z. B. die Verbindung des Mitleids, das Grenzen zu überschreiten vermag. Doch hat das Wort Mitleid in der Öffentlichkeit nicht einen so guten Klang wie das Wort der Empathie, des Einfühlungsvermögens, das auch den Vorteil hat, die Empathie, das Mitgefühl mit der Freude der anderen zu beinhalten.

Wir benötigen dringend diese Kultur der Empathie wie dies bereits Horst-Eberhard Richter formuliert hat, allerdings noch mit dem Begriff des Mitleids: »Das Mitleid ist leider zum Spottbegriff geworden. In Wirklichkeit ist es *die* lebenserhaltende Anlage überhaupt.«[90] Der persische Dichter Saadi Schirasi (13. Jahrhundert, ebenfalls aus Schiras) hat dieses Anliegen ins Gedicht gebracht:

> Verbundenheit
> Die Menschen sind Glieder miteinander verwoben,
> Von gleichem Stoff aus der Schöpfung gehoben.
>
> Hat das Leben ein Glied mit Schmerz versehen,
> Die anderen Glieder vor Leid vergehen.
>
> Du, der kein Mitleid mit anderen kennt,
> Bist unwürdig, dass man Dich einen Menschen nennt.[91]

3.3 *»Sank ein Goldfaden vom Himmel herab …«*

Wer Dževad Karahasans letzten Roman »Einübung ins Schweben«[92] liest, *erlebt* beklemmend und zugleich beglückend viel von dem, was er erzählt. Im Medium der fiktiven Freundschaft mit der zentralen Romanfigur, dem Dichter und Wissenschaftler Peter Hurd, der sich ein Denken ohne Vernutzung leistet,[93] werden die Erlebnisse im belagerten Sarajevo als »Einübung ins Schweben« erzählt. Und Peter Hurd, der in Sarajevo bleiben will, um diese Grenzsituation bei den Menschen und sich selbst zu erforschen, wird selber in den Strudel dieser Erfahrung hinein gezwungen und kann ihm nicht entrinnen.[94]

Lange hing bei dem muslimischen Bosnier Dževad Karahasan dieses Buch offensichtlich selbst in der Schwebe (der deutsche Titel ist übrigens die akkurate Übersetzung der Originalausgabe in Sarajevo 2022). 30 Jahre brauchte er, um es veröffentlichen zu können: »Jetzt, über 30 Jahre nach dem Ende des Krieges kann ich darüber schreiben, ohne Angst, darüber verrückt zu werden.«[95] Umso schmerzlicher ist es, dass er diese Veröffentlichung nur um ein Jahr überlebt hat.

Doch so weit weg von seinem Leben sah Karahasan den Tod nicht. Er sah ihn als »Übergang zu einem Neuanfang. Wir würden alle in irgendeiner Form weiter existieren.«[96] So sagt er angesichts des muslimischen Bergfriedhofs Ravne Bakije, auf dem er einmal begraben sein wollte: »Wenn ich in Sarajevo wirklich unter Freunden sein will, muss ich zum Friedhof gehen. Denn inzwischen sind beinahe alle meine Jugendfreunde im Krieg umgekommen oder nach dem Krieg gestorben.«[97], und er fügt hinzu: »Ich muss gestehen: Sehr oft sind mir meine lieben Toten viel näher als die lebendigen Menschen, die ununterbrochen telefonieren und sich freudevoll per Satellit anschreien. Immer öfter sage ich zu meinen lieben Toten: ›Ich komme. Ich komme zu euch.‹«[98] Und so kann er sagen: »In Sarajevo lebe ich sehr gut mit der Gewissheit, dass ich sterben werde. Ich freue mich schon darauf.«[99]

In Sarajevo hat Karahasan nicht nur viele Menschen verloren, die ihm bekannt und lieb waren, sondern schmerzlich getroffen hat ihn auch die Zerstörung der Nationalbibliothek von Sarajevo. Wo Bücher zerstört werden, auch da verliert Karahasan ›gute Freunde‹. Hier werden die unzähligen Möglichkeiten vernichtet, die je eigenen Leben ins schier Unermessliche zu erweitern. Und hier wurde die Vielfalt verschiedener Sprachen, Inhalte und Ethnien (Muslim*innen, Katholiken, Orthodoxe und

Jüdinnen genauso wie Bosnierinnen, Serben und Kroatinnen) an *einem* Ort zerstört, signifikant für das Sarajevo vor der Belagerung und für die jetzige Zerstörung der ganzen Stadt.

Doch sieht Karahasan die jugoslawische Vergangenheit nicht idealistisch. Die Vielfalt des Zusammenlebens hatte ihre Qualität, hatte aber auch ihre Kehrseite: »Max war aus dieser Welt geflohen, in der sich Menschen und Kulturen so stark unterscheiden, und diese Unterschiede so eifersüchtig hüten, dass es dem nichtsensibilisierten Auge wie Hass vorkommt.«[100]

Es ist ein »mächtiges Buch«, genauso, wie Karahasan die Wirkung des Buches seines Freundes Peter Hurd beschreibt: »Die Menschen in Sarajevo waren, als wir ›Die weiße Wölfin‹ vorstellten, bereits von der Angst und der Erwartung des Krieges befallen, aber dieses mächtige Buch riss sie mit und richtete sie auf, befreite sie von der Angst und erfüllte sie mit einer ganz anderen Spannung, so dass wir die Lesung in einer Art Verzückung beendeten, beglückt und gestärkt, als hätten wir einen Tanz von Verliebten getanzt oder an einem Ritual teilgenommen.«[101]

Wer die »Einübung ins Schweben« liest, erlebt mittelbar und in manchen Passagen sogar so direkt, wie es eine Erzählung nur möglich machen kann, was es heißt, in einer andauernd gefährdeten Situation zu leben, jederzeit erschossen oder von einer Granate getroffen zu werden, jederzeit in einem Gebäude von seinen Trümmern erschlagen zu werden und jederzeit erfahren zu müssen, wie dies anderen geschieht. Der Mensch befindet sich dort in einer andauernden Schwebe zwischen Leben und Tod, und ist ständig dabei, ein solches Leben in ständiger Unsicherheit einzuüben.

Eine irrsinnige Spannung tut sich hier auf, man verflucht die Situation und entnimmt ihr zugleich möglichst viel Leben. Einer der Soldaten, die die Stadt verteidigen, sagt dies so: »Ich weiß nicht, wann's angefangen hat, vielleicht vor ein paar Monaten, als mir klar geworden ist, dass ich die Scheiße hier nicht überlebe, wahrscheinlich niemand von uns. ... In diesen 20 Tagen habe ich mehr gelebt als in allen Jahren bis dahin.«[102]

»Mein Lied ist erst tot, wenn ich tot bin.«

Bezeichnend für diesen Widerspruch zwischen plötzlicher Zerstörung und zärtlicher Poesie, zwischen militärischer Gewalt und der »Gewalt« der Liebe ist die Erzählung, mit der der Autor das Buch beginnen lässt. Diese Widerspruchsstruktur variieren alle folgenden Kapitel. Bei einer Hochzeitsfeier singt eine junge Frau ein altes Lied vom Goldfaden der Liebe, der sich vom Himmel herab auf Fes und Schleier des Brautpaares legt, und plötzlich schlagen die Granaten in unmittelbarer Nähe ein, aber die junge Sängerin, Lejla ist ihr Name, singt weiter.

Und obwohl die Detonationen viel lauter sind als ihre Stimme, dringt ihre Stimme dennoch durch und bleibt hörbar. Danach sagt sie: »Was hätte ich denn tun können? Erlauben, dass sie mein Lied ermorden? ... Sie müssen mich umbringen, wenn sie mein Lied umbringen wollen. .... Mein Lied ist erst tot, wenn ich tot bin.«[103] So schwebt ihr Lied, entwurzelt vom Kontext, über den Granaten, findet keinen Grund mehr in der Umgebung, muss sich davon lösen und muss sich ohnedies bzw. dagegen behaupten.

Für Menschen, die sich aktuell nicht in einer solchen Bedrängungssituation befinden, die nicht unmittelbar belagert sind von Verwundung und Sterben, ist dieses Buch doch wenigstens ein sekundärer Empathieweg für all jene Orte, wo dies geschieht, wo dies geschah und wo dies geschehen wird. Ich habe bei der Lektüre oft an die Menschen in der Ukraine, aber auch im Sudan und in vielen anderen Ländern der Erde denken müssen, die Ähnliches hautnah erlebt haben, erleben und erleben werden.

Der Autor stellt selbst in der Einleitung die Frage, ob es für Menschen eine Erkenntnis aus solchen Erfahrungen heraus gibt.[104] »Eine Erkenntnis, die niemanden über einen erlittenen Verlust oder die Schrecken, die das Drama aufgezeigt hat, trösten konnte, aber diese Erkenntnis konnte jeden davon überzeugen, dass Verlust und Schrecken unvermeidlich ... sind. ... Aber sie würde uns einen Teil von uns selbst bringen, oder wenigstens die Ahnung von einem Teil unserer selbst, von dem wir nichts gewusst haben.«[105] Der Roman lässt diese Tiefen und Untiefen nachempfinden. Etwa wie die ständige Gefahr auch eine Verschiebung der Beziehungen bringt, wie sich auch die Sprache verändert: »Ich kenne fast niemanden, der auf den Krieg und die Belagerung nicht zuerst mit der Veränderung seiner Sprechweise ... reagiert hätte.«[106] Karahasan berichtet: »Damals in Sarajevo schwebte Rauch von verbrannten Autos und Häusern und so weiter. Es schwebten die Seelen der Ermordeten, die noch nicht begraben wurden. Es schwebte in Augenblicken die ganze Stadt. Denn man lebte in einer Zwischenzeit, in einem Zwischenzustand. Nichts war definitiv, nichts war sicher.«[107]

Solche Grenzsituationen und Krisenzustände erlauben es nicht mehr, sich zu verfehlen, indem man wählt, was korrekt ist, anstatt das, was man wirklich möchte.[108] Normale Bedingungen sind kontrollierte Bedingungen. In der Krise aber schmelzen die Kontrollmöglichkeiten. Der Mensch merkt unmittelbar, dass er keinen festen Grund hat. »Wenn der Mensch seinen Grund wahrnimmt, begreift er, dass er schwebt. Er schwebt zwar auch, wenn er seinen Grund nicht wahrgenommen hat, und wenn er nicht weiß, dass es keinen Grund gibt, aber nur dann, wenn er seinen Grund wahrgenommen und entdeckt hat, dass es ihn nicht gibt, weiß der Mensch, dass er schwebt ...«[109] In normalen Zeiten täuschen wir uns also über die permanent herrschende Unsicherheit unserer Existenz hinweg. Die kontrollierbaren Sicherheiten sind nur eine dünne Decke, die jederzeit zerreißen kann.

Und die Katastrophen nehmen kein Ende. Denn es gilt der Seufzer der Mutter Ljuba: »Mein Gott, werden sie uns jemals das Böse verzeihen, das sie uns antun?«[110] Und immer gibt es die, die »das Böse in sich mit fremdem Unglück nähren«, die »Trost und Freude in fremdem Schmerz finden.«[111]

Signifikant für die »Zeitenwende«?

Ich trete ein paar Schritte zurück (nicht um zugriffiges Vergleichen geht es hier, sondern um ein vorsichtiges Verbinden): Geboren zum Kriegsende habe ich ein Leben erleben dürfen, das immer mehr auf festem Boden, relativ sicher und auch, wenn auch in Grenzen, viele planbare Anteile hatte. Erst seit der sogenannten »Zeitenwende«, beginnend mit den Corona-Gefahren, merke ich, dass ein solches Leben historisch gesehen nicht normal, sondern ein seltenes Privileg ist. Wann hat es in Europa eine so lange Friedenszeit gegeben? Und permanent muss man wahrnehmen, dass unsere Friedenszeit hierzulande durch Stellvertreterkriege, die anderswo stattfinden, erkauft war und ist. Der Überfall auf die Ukraine zeigt in erschreckender Weise, wie arglos wir hinsichtlich der politischen Verhaltens-Codices waren, die nun auch vor der eigenen Haustüre und nicht nur in fremden Landen durchbrochen werden. Der Krieg, der nach 1945 für (und nur für) Europa (abgesehen vom Balkankrieg) ein *no go* schien, ist wieder als relative Normalität des Konfliktaustrags zurückgekehrt, einschließlich der damit veränderten Denkweisen und Verteilungsstrategien der europäischen Länder. Noch ist »Sarajevo« nur für die Ukraine unmittelbar erlebbar. Aber »Sarajevo« zeigt, wie schnell alles kippen kann.

Ein intellektueller Voyeurismus?

Aber ist es nicht ein »intellektueller Voyeurismus«, sich einzubilden, durch einfaches Lesen eines Buches die andere schmerzvolle Welt kennen gelernt zu haben? Peter Hurd setzt sich im Roman immerhin Sarajevo direkt aus, um am eigenen Leib und in der eigenen Seele zu erleben, wie eine solche Situation auf ihn wirkt – und geht darin fast zugrunde. Ganz frei von Voyeurismus ist aber auch er nicht. Denn zum Mut gehörte auch die Demut.

Intellektueller Voyeurismus geht mit anderen und fremden Welten touristisch um, mit der Einbildung, ein anderes Land mit oberflächlichen Wahrnehmungen dem eigenen Verstehen einverleiben zu können. Es wäre die Einstellung, etwas gewissermaßen in Besitz zu nehmen, was aber anderen Menschen gehört, wenn man ihre Situation als integralen Bestandteil ihrer Würde achtet. Dies kann bis zur Instrumentalisierung der anderen Erfahrungsbereiche gehen: für die Selbstdarstellung, für einen beruflichen (z. B. journalistischen) Erfolg u. ä.

Hier ist es notwendig die Ethik der Begegnung, die zwischen Personen sein sollte, auch auf das Verhältnis zwischen eigener und fremder Erfahrungswelt übertragen. Denn die Erfahrungswelten sind integrale Bestandteile der personalen Würde. Sie »gehören« den Subjekten, die sie haben. Dabei geht es vor allem darum, eigene Vorurteile gegenüber der anderen Erfahrungswelt zu hinterfragen und aufzulösen. Damit die unbekannten fremden und angeblich chaotischen Identitäten nicht für die eigene Sicht der Dinge instrumentalisiert werden.[112]

Entscheidend ist dabei die jeweilige Einstellung, mit der die andere Welt wahrgenommen wird. Handelt es sich um eine Inbesitznahme des Anderen, empathielos, kalt und gierig, oder aber ist die jeweils beherrschende Motivation eine vorsichtige Wahrnehmung, getragen von Menschenliebe, Empathiefähigkeit und Differenzierungskraft zwischen Eigenem und Fremden. So geht es bei der Lektüre von Karahasans Buch um die Wahrnehmung des Unsäglichen, die in ihrer Versprachlichung die Würde, das ganz Andere und vor allem das darin erlittene Leid keinem anderen Ziel aussetzt als dieser selbstbescheidenen »Begegnung« (nicht Begehung) selbst.

Trennscharf wird man eine solche Begegnung wohl nie hinbekommen. Denn eine zugriffige Neugier und auch ein unverhältnismäßiges Nacherleben-Wollen sind nie ganz auszumerzen. Wahrscheinlich berühre ich diese neuralgische Grenze, wenn ich von diesem Extrem her, hoffentlich vorsichtig genug, unsere gegenwärtige Situation in den Blick nehme. Immerhin, was aber die Ambivalenzgefahr nicht mindert, steht dafür die Erkenntnistheorie von Walter Benjamin, vom Extrem her für das Alltägliche entsprechende Wahrnehmungen zu ermöglichen und Veränderungen in den Blick zu nehmen (1.4.).

Am Ende seines Buches kommt der Autor nochmals auf Lejla zurück: »Mir scheint, das beste Bild für meinen Aufenthalt auf der Welt ist die kleine Sängerin Lejla ... wer wollte mir dadurch, dass er mich Lejla sehen und hören ließ, ... etwas mitteilen und was? ... Habe ich etwa nicht eines Nachts von Lejla geträumt, das heißt nicht von ihr, sondern von ihrem Lied? Habe ich etwa nicht gesehen, wie ein Goldfaden aus heiterem Himmel auf meine Stadt herabschwebte? Wüsste ich es doch, wüsste ich es doch nur. Wenigstens ein bisschen, unsicher ...«[113]

Mit seinem Tod entlässt Dževad Karahasan seine Leser und Leserinnen endgültig in diese Unsicherheit und Sehnsucht.

3.4 »Hier liegt einer, dessen Name in Wasser geschrieben war«

Eine Meile vom Tower von London entfernt wurde er am 31. Oktober 1795 geboren: John Keats (1795–1821), als ältester Sohn eines Stallmeisters, der im Mietstall mit Kutschenverleih und der dazugehörigen Wirtschaft seines Schwiegervaters arbeitete. Die Stadtleute, die es sich leisten konnten, stellten hier ihre Pferde zur Pflege ein. Aus der unteren Mittelschicht[114] kommt Keats also: und dieser Hinweis ist bedeutsam, weil seine »niederere« Herkunft ihm später einiges zu schaffen machen wird. Seine Kindheit und seine Schulzeit in einem Internat in Enfield in Middlesex hat Keats nicht in besonders glücklicher Erinnerung.[115] Als er acht Jahre alt war, starb sein Vater bei einem Sturz vom Pferd. Die Mutter heiratete wieder, verließ die Familie zeitweise und starb nach ihrer Rückkehr im Frühjahr 1810, wahrscheinlich an Tuberkulose. John, damals 14 Jahre alt, bestand in den Weihnachtsferien darauf, die todkranke Mutter selbst zu pflegen und ihr stundenlang vorzulesen. Wenige Monate nach ihrem Tod verließ er die Schule und ging im Sommer 1810 bei einem Apothekerarzt in die Lehre. Seine weitere Ausbildung am Guy's Hospital im Zentrum von London, wo er nicht nur Vorlesungen hörte, sondern bereits den Pflegedienst lernte und bei Operationen hospitierte, schloss er 1816 mit dem Apothekerdiplom ab. Die eigentlich geplante Arztausbildung, die darauf folgen sollte, ging er nicht mehr an.

Mitterweile war in ihm eine Leidenschaft herangewachsen, die man aus dem äußeren Verlauf seiner bisherigen Biographie heraus nicht leicht vermutet hätte: er wollte Poet werden. Noch vor seinem Examen im Juli 1816 hatte er im vorausgehenden Mai sein erstes Gedicht »O solitude« (O Einsamkeit) in der Zeitschrift »Examiner« publiziert. Keats verlässt London und geht in die »Einsamkeit« an der Kent-Küste in Margate. Von nun an beginnt ein Dichterleben, das in seiner Kürze und Tragik kaum zu überbieten ist. Es dauert eigentlich nur etwas mehr als drei Jahre, vom Sommer 1816 bis Winter 1819, als er selbst von jener tückischen Krankheit befallen wird, an der seine Mutter und später auch sein jüngster Bruder Tom (dem Keats ebenfalls in den letzten Wochen bis zu seinem Tod am 1. Dezember 1818 gepflegt hatte) im Alter von 18 Jahren gestorben war.[116]

So durchziehen seine Texte auch die unruhigen thematischen Fäden der Zerbrechlichkeit von Leben, Beziehungsglück und Schaffenskraft durch Tod, Zerrüttung und Krankheit.[117] Unstet sind diese Jahre auch im lokalen Sinn. Es hält ihn nirgendwo allzulange, er bekommt von guten Freunden Wohnung und Heimat, aber er bricht auch immer wieder auf zu Ortsveränderungen, Reisen und Wanderungen, die er auflädt mit starken Erwartungen an neue aufbauende Erfahrungen, Klärungen und Erfolge, an deren Ende er aber doch weniger Ergiebigkeit erlebt, als er erhofft hatte.

Seine letzte Reise mit einer letzten großen Hoffnung: Der kranke Dichter nimmt die stürmische Schiffsüberfahrt nach Neapel auf sich, wo er am 21. Oktober 1820 eintrifft: Italien, Traumland der Dichter, der hoffnungsvoll Liebenden und intensiv Lebenden. In seinem Gedicht »Glücklich ist England« hatte er selbst einmal geschrieben: »Doch manchmal spüre ich ein Schmachten nach dem Himmel Italiens ...!«[118] Was für eine Ironie! In Rom, am Fuß der spanischen Treppe, wohnt er mit seinem treuen Freund, dem Maler Joseph Severn, im Hause einer gewissen Seniora Petri, die nicht nur billige Zimmer vermietet, sondern auch für Mahlzeiten sorgt, »von denen Keats einmal eine aus dem Fenster beförderte.«[119] Nach anfänglichen leichten Besserungen reißt es Keats im römischen Winter in einen rasanten Zerfall, schließlich in den Tod am 23. Februar 1821. Die Doktoren stellten bei ihrer Untersuchung fest, dass seine Lungen bereits fast gänzlich zerstört waren, und wunderten sich.[120]

Ich erinnere mich hier: Den Prolog zu seinem Schillerbuch beginnt Rüdiger Safranski folgendermaßen: »Nach Schillers Tod am 9. Mai 1805 wurde die Leiche obduziert. Man fand die Lunge ›brandig, breiartig und ganz desorganisiert‹, das Herz ›ohne Muskelsubstanz‹, die Gallenblase und die Milz unnatürlich vergrößert, die Nieren ›in ihrer Substanz aufgelöst und völlig verwachsen‹....Sein schöpferischer Enthusiasmus hielt ihn am Leben über das Verfallsdatum des Körpers hinaus.... Aus dem Obduktionsbefund lässt sich die erste Definition von Schillers Idealismus ablesen: Idealismus ist, wenn man mit der Kraft der Begeisterung länger lebt, als es der Körper erlaubt.«[121] Es scheint fast so, als würde der Körper nochmals innehalten, sich in die Schwebe über das Verfallsdatum der Organe hinaus begebend, um dann endgültig aufzugeben.

Erst im Augenblick des äußersten Zerfalls gab Keats das Leben ab, dann aber entschieden: »Severn, Severn, heb mich auf, ich sterbe, ich werde leicht sterben, habe keine Angst, sei stark und Gott sei Dank, dass es nun soweit ist.«[122] Severn, der Keats bis zu seinem Tod hingebungsvoll gepflegt hatte, schreibt weiter: »Sanft sank er in den Tod, so ruhig, dass ich glaubte, er würde noch schlafen.«[123]

Keats wurde auf dem protestantischen Friedhof Roms beigesetzt. Nach seinem Willen sollten folgende Worte eingetragen werden, die auch bis heute auf dem Grabstein stehen:

> »This Grave contains all that was Mortal, of a YOUNG ENGLISH POET, Who, on his Death Bed…Desired … these Words to be engraven on his Tomb Stone
>
> Here lies One Whose Name was writ in Water."
>
> »Dieses Grab enthält was sterblich ist von einem jungen englischen Poeten, der auf seinem Totenbett… gewünscht hat, dass diese Worte in seinem Grabstein eingemeißelt seien: ˋHier liegt einer, dessen Name in Wasser geschrieben warˋ.«[124]

Seinen Namen wollte er nicht auf dem Grabstein haben. Wie hatte er in seinem Gedicht »Vier Jahreszeiten« geschrieben:

> »Wie Wasser hinrinnt unterm Treppenstein.
> Bleich, gräulich naht sein[125] Winter unterdessen:
> er könnt sonst seine Sterblichkeit vergessen.«[126]

Wenn man möchte, kann man eine vorsichtige Parallele zur jüngsten Vergangenheit sehen: denn Keats hat etliche Menschen aus seiner Familie wegen der damaligen Pandemie Tuberkulose verloren so wie in der jüngsten Gegenwart es viele wegen Covid 19 erlebt haben. Auch er erlebte die Unsicherheit des Lebens, die plötzlich über uns hereinbrechen kann. Auch er starb an einer Pandemie. Er hatte sich in der Pflege seines Bruders angesteckt.[127]

Seinen anderen Brüdern George und Tom schreibt er 1817 über diese Art von Leben: »Das ist, wenn jemand fähig ist, in Unsicherheiten, Geheimnissen, Zweifeln zu verbleiben, ohne irgendeinem ungeduldigen Griff nach einer empirischen und rationalen Festschreibung.«[128] Die Befähigung dazu nennt er Negative Capability:[129] »Being in uncertainties, mysteries, doubts without any irritable reaching after fact and reason.«[130]

Der Begriff »negativ« ist hier überraschend verbunden mit dem positiven Wort der Fähigkeit und Befähigung. Eine ganz bestimmte, von den Menschen meist negativ beurteilte Erfahrung, bekommt hier einen neuen Horizont, nämlich den, die Fähigkeit zu entwickeln, etwas offen zu lassen, nicht vorschnell festzulegen, dem Bestreben zu widerstehen, etwas, was letztlich nicht zu verstehen ist, unbedingt verstehen zu wollen. »Es geht darum, nicht mehr davon besessen zu sein, alles unter Kontrolle haben zu wollen, um zu wissen, was auf der anderen Seite des Vorhersehbaren liegt.«[131]

Es geht um die jenseitige Dimension von Verstehen und Kontrollieren, mit der Fähigkeit, in Verstörungen, Ungewissheiten, Geheimnissen, Zweifeln und entsprechenden Unterbrechungen einen besonderen Vollzug menschlichen Lebens, Denkens und Fühlens zu entdecken und derart das Unerhörte im Alltäglichen zu sehen. Wer schon etwas zu wissen glaubt, kann diesbezüglich nichts Neues entdecken. Wer alles binär einteilt, kann die Zwischenwirklichkeiten nicht wahrnehmen. Schwierige Fragen können nicht durch vorschnelle Konklusionen und Exklusionen übersprungen werden.

Diese Haltung vertieft auch zwischenmenschliche Beziehungen (bis in die Entbinarisierung der Geschlechter)[132] und therapeutische Verhältnisse: nämlich Menschen nicht vorschnell in Kategorien oder binäre Gegensätze einzuteilen, sondern paradoxes, ambivalentes und verwirrendes Verhalten bei sich und anderen erst einmal zuzulassen und auf ihrer Basis kreative Prozesse zu ermöglichen.[133]

Des Dichters Fähigkeit zur einfühlungskräftigen Perspektivenübernahme des Lebens anderer Menschen kommt in einen Brief an B. Bailey zum Ausdruck, der sich auf den priesterlichen Dienst in der Kirche von England vorbereitete. Keats, der nicht religiös im orthodoxen oder kirchlichen Sinne des Wortes war, schrieb: »Ich wünschte, ich könnte in dieser Hinsicht hineinkommen in all deine Gefühle, wenigstens für kurze zehn Minuten, und ich könnte dir dann eine Seite oder auch zwei schenken, an denen du Gefallen hast.«[134] Als Poet radikalisierte er diese Empathie. In der »Ode auf die Lässigkeit« nennt er sie eine »Dämonin«, von der niemals eine Belohnung ausgeht.[135] Die Poesie kostet ihn den Teil seiner Existenz, den er an sie verausgabt. Bei Keats ist das sehr, vielleicht zu viel, bis hin zur Annihilation, zur Selbst-Entäußerung seiner Identität: »Ein Poet ist das unpoetischste Wesen, das es gibt. Denn er hat keine Identität, denn er ist ständig dabei, andere Körper aufzufüllen: die Sonne, den Mond, das Meer, die Männer und die Frauen... Wenn ich in einem Raum voller Leute bin, ... dann geh nicht ich selbst zu mir nach Hause: vielmehr fängt es an, dass die Identität von jedem in dem Raum in mich eindringt, so dass ich in kurzer Zeit ausgelöscht (annihilated) bin.«[136] In dieser Erfahrung findet sich ein extremes Moment dessen, was er vorher »negative Begabung« genannt hat.

Stuart M. Sperry nennt bei Keats »Ironie«, wie er mit permanenter »Unbestimmtheit, Unentschiedenheit und Unsicherheit« die Dynamik und Mobilität seiner Gedichte entwickelt.[137] In der

»Ode an eine Nachtigall« wird ihr Gesang zum generativen Symbol von andauernd neu entstehenden semantischen Assoziationen. Gleichzeitig hält dieses Symbol alle die zum Teil auch widersprüchlichen Imaginationen vermittelnd zusammen. Ständig wechselt und wandelt sich etwas. Genau dieser kreative Prozess ist auch der poetische Vorgang. Die ironische Spitze besteht dabei in dem Nebeneinander unvermittelbarer Größen, hier z. B. von Tod und Zärtlichkeit:

>»Oftmals war ich halb in Liebe mit einem sachten Tod, rief ihn mit zärtlichen Namen ...«[138]

Allerdings sind die gegenseitigen Annäherungen so flüchtig wie der Gesang der Nachtigall. Sie hält all die reichen Imaginationen, die sie evoziert, nur zusammen, so lange sie singt, und ist zugleich damit überfordert. Ohne das Symbol ihres Gesanges zerreißt jedenfalls das Gewebe wieder, wird als »Spuk« verdächtigt und entlarvt seine eigene Ironie. Dass am Ende ein lang aufgebautes »romantisches« Gespinst fällt, erinnert mich an jenen deutschen Romantiker und Romantikzerstörer, der meisterhaft eine Romanze ebenso einfühlsam entwirft wie er sie am Schluss nicht weniger gekonnt mit scharfen Ernüchterungen zerfallen lässt: Heinrich Heine, der zwei Jahre nach Keats geboren wurde. Er schärfte die Ironie so, »dass sie die schillernden Seifenblasen trivial-sentimentaler Stimmungen oft aufstach, dass Desillusionierung entworfene Illusionen sprengte und ein effektvoller Stil der Stilbrüche entstand.«[139] Dies kommt in Keats Gedicht »Auf den Tod« zum Ausdruck:

>»Ist Tod ein Schlaf wie Hiersein bloß ein Traum?
>Ist denn das Schauspiel Seligkeit zum Schein?

Das Glück verfliegt – ein Nachbild bleibt uns kaum:
Und doch schafft Sterben allerärgste Pein!«[140]

So wechselt das Zurückweichen vor der Zerstörung des Todes[141] mit einer eigenartigen Sehnsucht nach dem Tod als Ausgangspunkt neuer Möglichkeiten: »Tod, der voll Leben war …«[142] Mit den Worten der Fanny Brown im Keats-Film »Bright Star« von Jane Campion aus dem Jahr 2009: »Es muss ein anderes Leben geben, man kann nicht für so viel Leid geschaffen sein!

3.5 »Begreifen, dass wir ein Entwurf sind«

Christa Wolf gibt uns in ihrem Roman »Kein Ort. Nirgends« einen bedrückenden Einblick in die Seele von Heinrich Kleist. Die Konvention lockt mit ersehnter Sicherheit, doch Kleist kann sich darauf nicht mehr einlassen.[143] Es gibt zwar eine leise Zukunftshoffnung: »dass die Zeit uns verkennen muss, ist ein Gesetz. Aber ob das, was wir uns herausnehmen eines ferneren Tages zu einer gewissen Geltung kommt …«[144] Voraussagen können keine gemacht werden.[145] Und Kleist kommt das Bild: »Es ist, als stünd ich auf einer Scholle im Eisgang, in absoluter Finsternis. Der Strom geht, ich weiß nicht wohin, die Scholle neigt sich einmal zu dieser, einmal zu jener Seite. Und ich, von Entsetzen durchdrungen, von Neugier, von Todesfurcht und vom Verlangen nach Ruhe, ich soll um mein Gleichgewicht kämpfen. Lebenslänglich.«[146]

Alle Staaten, die Kleist kennt, sind ihm zum Zwang geworden. »Dass ihre Verhältnisse seinen Bedürfnissen strikt entgegenstehn, hat er erfahren. Mit gutem Willen, angstvollem Zutrauen hat er sie geprüft, widerstrebend verworfen. Die

Erleichterung, als er die Hoffnung auf eine irdische Existenz, die ihm entsprechen würde, aufgab. Unlebbares Leben. Kein Ort, nirgends.«[147]

Der Glaube, »dass jeder Mensch ein unaussprechbares Geheimnis hat«, kann die Verwirklichung dieses Geheimnisses nirgendwo herstellen. Auch das Geheimnis selber bleibt in der Schwebe des Unerwünschten, Unerkannten, nicht Gelebten. Es bleibt der Konjunktiv: »Um Haltung ringen. Als hätte, was wir tun oder lassen, am Ende eine Bedeutung.«[148] Das heißt: »Nehmen wir es als Spiel, auch wenn es ernst ist.«[149] Kein Mensch kann auf Erden den Anspruch erfüllen »Tätig zu werden und dabei wir selber zu bleiben …«[150] Günderrode bescheinigt Kleist: »Sie, Kleist, nehmen das Leben gefährlich ernst.«[151]

Er gibt nur paradoxe Auswege: »Hölderlin macht der Welt, damit sie ihn nicht zugrunde richtet, einen Vorschlag zur Güte: Der Dichter ist verrückt.«[152] Derart befindet sich der Mensch in der Schwebe der Unfertigkeit: »Begreifen, dass wir ein Entwurf sind – vielleicht um verworfen, vielleicht um wieder aufgegriffen zu werden … Auf ein Werk verwiesen, das offen bleibt, offen wie eine Wunde.«[153] Eine paradoxe Offenheit für die Zukunft tut sich hier auf, absolut kontrafaktisch und ständig bedroht von Resignation. Ohne die Möglichkeit, sich einseitig festzumachen, weder in der Hoffnung noch in der Resignation. Im Dazwischen, in der singulären, individuellen, darin zutiefst erfahrenen Schwebe ereignet sich das Leben. Die Konvention erfüllt nur die Sehnsucht nach Sicherheit, reduziert dabei aber das individuelle Leben, das immer nur dann aufblühen kann, wenn die Strukturen zusammenbrechen. Meist aber werden die Menschen gebrochen.

In diese Bereiche reicht auch nicht die Wissenschaft, sofern ihre Methode die sachliche Verallgemeinerung ist. Hier ist zu bezweifeln, ob sie »in Fällen höchster persönlicher Pein überhaupt zuständig sei, weil ihr die lebensverändernde Erfahrung des Heimgesuchten fehlt ...«[154] Und so klagt Kleist gegenüber dem Hofrat, der ihn therapieren will: »Einmal in meinem Leben, Herr Hofrat, möcht ich dem Menschen begegnen, der mir ohne versteckten Vorwurf erlaubt zu sein, der ich bin.«[155] Etwas hilft die Poesie in dieser Spannung: »Gedichte sind Balsam auf Unstillbares im Leben.«[156]

4. Unterbrechungen

4.1 »Ohne zu wissen, was ich für den anderen sein kann«

Momente der Schwebe ereignen sich in spirituellen Begegnungen, wie etwa beim Besuch von Johannes vom Kreuz (1542–1591) bei Teresa von Avila (1515–1582), wo er plötzlich »abhebt«:[157]

Das Karmelitinnenkloster Encarnación in Ávila ist eines der wichtigsten Orte für das Leben der heiligen Teresa von Ávila. Teresa trat dort 1535 (ohne die Erlaubnis des Vaters) ein und lebte dort 29 Jahre. Im alten Gesprächszimmer der Klausur (mit Gitter zwischen dem Innen- und dem Außenbereich der Klausur) hängt diesseits davon ein Gemälde: Beide Heiligen unterhalten sich durch das Gitter hindurch über die Möglichkeit, mit Gott in eine mystische Verbindung zu kommen.

»Johannes vom Kreuz unterhielt sich einst mit Teresa von Jesus über die Dreifaltigkeit. Mitten in der Unterhaltung fühlte er, wie seine Seele von einer göttlichen Entrückung überwältigt wurde. Er versuchte, sich noch schnell am Stuhl festzuklammern, aber die Gewalt der Ekstase war zu stark und er schwebte samt dem Stuhl in die Höhe. Zu gleicher Zeit wurde auch Teresa von der Verzückung überwältigt und schwebte innerhalb des Gitters kniend in die Luft. Eine daherkommende Nonne sah bestürzt das wunderbare Ereignis, das wohl die ungewöhnlichste Begegnung zweier Menschen in der ganzen christlichen Literatur genannt werden kann.«[158]

Über die beiden malt der Künstler eine Wolke, in der die Dreifaltigkeit, umrahmt von vielen Engeln, zu sehen ist. Die Entrückung in diese göttliche Sphäre transzendiert die Schwerkraft, so dass Johannes vom Kreuz schwebt und Teresa von Ávila sich am Gitter festhalten muss, um nicht ebenfalls allzu hoch zum Schweben zu kommen. Das Gitter kann nicht wie der Stuhl schweben. Offensichtlich empfindet sie die Schwebe des Johannes vom Kreuz als gefährlich. Sie wehrt sich dagegen und schaut ihm erschrocken nach oben nach.

Überhaupt: Jede echte Begegnung hat etwas von einer Schwebe an sich. Christian Herwartz SJ, dem Arbeiterpriester und Begründer der Straßenexerzitien (1943–2022) wird die Einsicht zugeschrieben: »Wer sich nicht verändern will, kann nicht begegnen!«[159] Begegnung geschieht erst, wenn die Teilnehmenden offen sind für ein Ereignis und einen Ausgang einer Begegnung, in denen sie sich verändern dürfen. Bisheriges kommt in die Schwebe, und zwar in Gegenseitigkeit, um darin gemeinsam Neues (oder das Alte auch) neu zu entdecken. Dabei kann es oft zum Schweigen kommen, wo die Teilnehmenden einfach nicht (sofort) weiterwissen, wo die Konserven nicht mehr ausreichen, wo man nach neuer Sprache sucht und neue Horizonte entdeckt. Oder aber wo man dann tatsächlich nicht mehr weiterweiß, und wo man gemeinsam die entsprechende Hilflosigkeit aushält. Antworten bleiben aus und können auch nicht gefunden werden. Dies ist das Gegenteil jeder Art von Siegermentalität, in der die Teilnehmenden nur sich, ihre Perspektive und ihre Person durchsetzen wollen.

Dorothee Steiof sagt auf dem Hintergrund ihrer Präsenzpastoral in Stuttgart: »Ich gehe in die Begegnung, ohne zu wissen, was ich jeweils für den anderen sein kann. Durch mein Da-sein fungiere ich sozusagen als eine »wandelnde Leerstelle« quer zum System der Akteur*innen im Sozialraum.«[160]

4.2 »Ein Heimweh nach diesem großen Glück.«

Auch Nahtoderfahrungen können viel mit Schweben zu tun haben: Albert Biesinger[161] spricht von einem anderen, erweiterten Bewusstseinszustand. »Ich habe mich losgelöst von meinem Körper erlebt«, dabei setzte »ein explosives Glück« ein. »Ein solches Glück gibt es nicht auf dieser Welt – und das sage ich, obwohl ich ziemlich viel Glück im Leben erfahren habe.«[162] Seine Nahtoderfahrung hat, analog zum liminalen Ritual (5.5), Auswirkungen auf das Folgeleben: »Dass ich die Angst vor dem Tod verloren habe, sie ist zerplatzt wie eine Seifenblase.« »Ich lebe«, sagt Biesinger, »eindeutig entspannter.«[163] Er regt sich weniger auf als früher, die Gewichtungen haben sich verschoben.

Dabei wertet Biesinger seine Nahtod-Erfahrung durchaus nicht als Gottesbeweis, ihm ist klar, dass er sich die ganze Zeit im Diesseits befand und dass das, was er gesehen, gehört und gefühlt hat, in seinem Gehirn ablief. »Wenn man bei Sterbenden die Gehirnströme misst, stellt man eine enorm hohe Hirnaktivität fest.« Steuern konnte er diesen Zustand nicht, nur genießen. »Und mir ist eine Gottessehnsucht geblieben, ein Heimweh nach diesem großen Glück.« Das alte christliche Bekenntnis, dass unsere eigentliche Heimat im Himmel ist, »das habe ich so erlebt«. …Und: »Ich bin überzeugt, dass ich all das, was mich ausmacht, mitnehme in die geistige Welt, in das neue Universum, in das ich dann eintauche, wie immer das auch aussehen mag.«[164]

In seinen Interviews kommt auch der norwegische Literaturnobelpreisträger 2023 Jon Fosse nicht selten auf »den existenziellen Augenblick seines Lebens zu sprechen, der ihn zum Schriftsteller gemacht hat. ›Als ich sieben war‹, sagte er, ›bin ich mit einer Flasche in der Hand aufs Eis gefallen und habe sehr stark geblutet, das Blut spritzte nur so aus meinem Arm.‹ Es war eine Nahtoderfahrung, nach der alles anders wurde: ›Ich konnte mich schon von oben sehen,…, alles war in einer Wolke, sehr schön, ich fühlte ein großes Glück und großen Frieden. Es war die prägendste Erfahrung meines Lebens.‹ Immer wieder kreisen seine Romane um diesen Augenblick, um das goldene Licht, in das alles für ein paar Minuten getaucht war, den Frieden, die einen Spaltbreit geöffnete Himmelstür.«[165]

Fosse »erinnert sich an diese Nahtoderfahrung als einen sehr friedlichen, federleichten Moment, in dem er sich selbst von außen gesehen habe, in einem schimmernden Licht. Diese Selbstverdopplung und die Erfahrung, in zwei Dimensionen gleichzeitig präsent zu sein,« scheint für seine Einsicht generativ zu sein, »dass es ihm beim Schreiben darum gehe, in ein Universum hineinzuhorchen, das von seinem eigenen verschieden sei, und in dieses Universum zu entkommen: ›Ich möchte mich selbst loswerden, nicht mich ausdrücken.‹«[166] Die Erlösung kommt von außen, diesseitig ist von ihr nichts zu spüren, es sei denn in der Schwebevision wirklichkeitsenthobenen Glücks.

4.3 *»Reservate für Sorgfalt, Zärtlichkeit, Nachdenken.«*

Spätestens mit Stan Nadolnys »Die Entdeckung der Langsamkeit«[167] ist die Frage danach, wie die Menschen Zeit erleben und ob nur Schnelligkeit zum Erfolg führen kann, einer größeren Anzahl von Menschen bewusst geworden. Für Menschen, die aus einer Perspektive, die ihnen wertmäßig sehr am

Herzen liegt, auf Wirklichkeit und Menschen zugehen, gilt die Ermahnung, dass sie über dem Sendungsbewusstsein nicht das Sehen verlieren: »Ich habe zur Zeit ständig mit sendungsbewussten Erziehern zu tun, Anglikanern, Methodisten, Katholiken, Presbyterianern. Gemeinsam ist allen: Sehen spielt keine Rolle, der gottgefällige Charakter ist alles.« Nadolny spricht hier von Menschen, die ständig aus ihrem Sendungsbewusstsein her agieren und dabei das Sehen und den Respekt vor den Menschen verlieren.

Respekt vor den Menschen ist wichtiger als sie zur Eile zu treiben. »Wenn Sie ein Kind, das laufen lernt, von hinten anschieben, ist die Gefahr groß, dass es hinfällt. Jedes Kind braucht seine eigene Zeit, sein eigenes Tempo.«[168] In diesem Sinn geht es darum, die Notwendigkeit der Langsamkeit zu entdecken, mit ihr »wie durch eine Wand ins Freie zu treten ...: Kampf gegen unnötige Beschleunigung, sanfte allmähliche Entdeckung der Welt und der Menschen«; den Blick dafür zu öffnen, Einrichtungen zu schaffen, »die nicht der Ausnutzung, sondern dem Schutz der individuellen Zeit dienten, Reservate für Sorgfalt, Zärtlichkeit, Nachdenken.«[169]

Fatale Gotteskomplexe

Dass im Judentum und Christentum der Messias selbst die neue Schöpfung mit sich bringen wird, bringt nicht nur Dringlichkeit und Befristung in das diesseitige Leben, sondern auch die Entlastung davor, selbst in einer Art »Gotteskomplex« das Reich Gottes herstellen zu wollen oder zu müssen.[170] Manches wird man tun können, und vieles wird man nicht verhindern können. Wir sind durch unsere Körperlichkeit und die dadurch aufgenötigten Unterbrechungen und Gebrechen, durch die Begrenzung der Lebenszeit und durch unsere spezifischen Möglichkeiten und Unmöglichkeiten eingeschränkt.

Diese Selbstbescheidung des Menschen ist Bedingung dafür, dass er nicht sich für alles verantwortlich machen kann und muss, sondern dass Gott verantwortlich gemacht werden kann für das, was nicht in unserer Macht steht, was Gott richten muss. Beides, Einklage und Hoffnung auf die neue Schöpfung, bedingen sich gegenseitig. Vieles an der Verzögerung, dass das Reich Gottes nicht hergestellt werden kann, ist von den Menschen selbst verschuldet. Die grundlegende Bedingung für die Möglichkeit dieser Verzögerung aber ist aufgezwungen.[171]

Die Anerkennung dieser Begrenzung gehört, wollen wir nicht Götter spielen, zum Menschsein wesentlich dazu. Ein Blick auf das Leben Jesu macht diesen Zusammenhang sehr deutlich. Jesus selbst ruft zu diesem Innehalten auf: »Kommt alle zu mir, die ihr euch plagt und schwere Lasten zu tragen habt. Ich werde euch Ruhe verschaffen. Nehmt mein Joch auf euch und lernt von mir; denn ich bin gütig und von Herzen demütig; so werdet ihr Ruhe finden für eure Seele. Denn mein Joch drückt nicht, und meine Last ist leicht« (Mt 11,28–30). Und hierher gehört auch, wenn Jesus uns dazu ermutigt, unsere Sorgen nicht übermächtig werden zu lassen, als würde alles von uns abhängen und als müssten wir das Geschick der Menschen in den Händen halten: »Sorgt euch nicht um euer Leben, denn es ist längst für euch gesorgt« (vgl. Mt 6,25ff.).

Sich zur Pause unterbrechen lassen:

Jesus tut beides: Er sendet seine Jünger aus und lädt sie zur Pause ein. Und beides gehört zusammen. Jesus verzichtet wochenlang auf das Tun im Sinne von heilenden und befreienden oder auch kritischen Begegnungen mit den Menschen und begibt sich in die Wüste, um darin seiner Gottesbeziehung wieder inne zu werden und daraus die entsprechende Kraft für sein Handeln zu schöpfen. Innehalten ist dafür ein wunderbares deutsches Wort. Es geht hier um die Luft zum Atmen, nicht nur für die Lunge, sondern überhaupt. Das Langsamer-Werden und Zur-Ruhe-Kommen ist die Bedingung dafür, um überhaupt Zeit dafür zu haben, Kraft und Unterscheidungsfähigkeit zu gewinnen. Wer Zeit verschwendet, wer trödelt, »gibt zu, dass unsere Gedanken immer dann am besten in Gang kommen, wenn man ihnen möglichst viel Freiraum zum Herumschweifen einräumt.«[172] Dies ist eine alte religiöse Einsicht, die immer wieder formuliert wurde und wird: Zum Handeln gehört das Beten, zur Aktion die Kontemplation, zur Selbstverausgabung die Mystik, zur christlichen Sendung die Doxologie,[173] sei sie ausgedrückt im Gebet, sei sie ausgedrückt in der schweigenden Anbetung. Pause und Schweigen sind die Vorwegnahme des großen Innehaltens zwischen dieser und der kommenden Welt: im Tod.

Die Fähigkeit zur Pause und zur Unterbrechung zeigt sich im Alltag auch darin, sich von Menschen unterbrechen zu lassen.[174] Dass Menschen einen Ort finden, wo sie unbestellt zu Besuch kommen können. Wo sie Rat suchen und querdenkende, überraschend phantasievolle Gesprächspartner antreffen, wo liebenswürdige Ironie und geistreicher Witz zu Hause sind, wo man ruhigen Herzens werden kann und Güte spürt, wo mehr zugehört wird als gesprochen, mehr Mitgefühl gezeigt wird als Pathos, wo mehr Fragen gestellt als Antworten gegeben werden, wo viel Neugierde herrscht im Hinhören auf Geschichten der Einzelnen, wo man Belesenheit und geistig-geistliche Offenheit antrifft und keine Ignoranz und Besserwisserei, wo die Menschen zu sagen wagen, dass sie mit etwas überfordert sind und nach einiger Zeit einfach keine Kraft mehr zum Zuhören und Reden haben und so ihre eigenen Grenzen zeigen, wo man die Gesprächspartner:innen nicht dauerhaft an sich zu binden versucht, sondern loslässt, gegen andere, vielleicht bessere Gesprächspartner:innen. Für den kirchlichen Bereich: Wo möglichst wenig Menschen das schreiben müssen, was Hans Scholl am 17. August 1942 an der Ostfront in seinem Russland-Tagebuch im Abschnitt »Über Schwermut« beklagt hat: »Es zieht mich manchmal schmerzlich hin zu einem Priester, aber ich bin misstrauisch gegen die meisten Theologen, sie könnten mich enttäuschen, weil ich jedes Wort, das aus ihrem Munde kommt, schon vorher gewusst hatte.«[175]

4.4 »Wer nicht genießt ist ungenießbar!«

Es ist interessant und überraschend, dass das erste Wunder Jesu bei Johannes kein Heilungswunder ist. Es geht hier nicht um eine Bewältigung von Mangel oder Defekten. Nicht der Kranke wird gesund gemacht, auch erlebt keine Sünderin das Wunder der Sündenvergebung und -bekehrung. Nein, wir haben hier das Gegenteil, nicht ein mangelbehebungs- und defektkorrigierendes, sondern ein Verschwendungswunder, mitten in einem rauschenden Fest. Die Leute sind schon satt und sie haben bereits genug getrunken (vgl. Joh 2,10). Und jetzt kriegen sie noch mehr und dazu noch besseren Wein. Niemand ist hier notleidend, jedenfalls nicht in dieser Situation. Und sie wollen noch mehr! Sollten sie nicht lieber langsam Schluss machen, um nicht ungemütlich zu werden? Aber buchstäblich zu allem Überfluss werden auch noch sechs meterhohe Wasserkrüge und dazu bis zum Rand gefüllt. Alles wird zu Wein. Mindestens drei Tage lang könnte sich die ganze Hochzeitsgesellschaft gegenseitig unter den Tisch trinken. Und dafür ein Wunder? Ist das nicht die Verschwendung des Wunders für die Verschwendung? [176]

Johannes trifft etwas ganz Entscheidendes, wenn er in seinem Evangelium, in dem es immer wieder um die »Fülle des Lebens« geht, mit diesem Genusswunder die Wunderzeichen Jesu beginnt. Hier trifft er einen Charakterzug Jesu (und der ganzen Bibel), wie er in seinem Leben und Handeln zum Vorschein kommt, wie er aber oft übersehen wird. Jesus hängt am Leben. Er schöpft es aus in seiner Vitalität. Nach beiden Seiten. So geht er in die Wüste und lernt den Durst und die Askese. So feiert er aber auch ausgiebig Feste, die man wohl kaum nüchtern übersteht. Seinen Gegnern ist dies sofort aufgefallen: »Fresser und Säufer« haben sie ihn genannt (vgl. Mt 11,19). In ihren Augen war er ein Nichtsnutz und Tagedieb, entweder verschwunden in der Wüste oder viel zu lange bei Tischgelagen. Dass er sich dafür so viel Zeit nahm, das haben sie wohl gemerkt, das ist ihnen auf die Nerven gegangen. Dabei könnten sie es von ihrer eigenen prophetischen Tradition her besser wissen. Denn auch darin gibt es beides. Die Askese der Wüste, des Durstes und des Hungers, aber auch die Bilder des Überflusses, wo Milch und Honig fließen und wo man dieses alles noch umsonst bekommt (vgl. Jes 52,3; 55,1).

Nach beiden Seiten hin, nach dem Verzicht und nach dem Überfluss lebt Jesus die vitalen Untertiefen und Oberhöhen des Lebens. Sie werden nicht abgekappt, nicht flachgelegt auf ein verflachtes Leben hin, wohl temperiert, lau und langweilig. Er läuft dem bis ins Körperliche hineingehenden intensiven Lebenserfahrungen nicht davon, weder der Entbehrung noch dem Genuss.

Eine Frage der Spiritualität
Beim Festefeiern geht es nicht um die Frage zwischen Reich und Arm. Ganz im Gegenteil: Oft wissen gerade die Reichen in ihrer knausrigen Sparsamkeit nichts von Verschwendung, weder sich noch anderen gegenüber. Es gehört zu meinen eindrucksvollsten Erfahrungen bei meinen Aufenthalten in Südafrika und Brasilien, dass gerade jene Menschen, die wir hier als die Armen bezeichnen würden, besonders intensiv und ausgelassen Feste feiern können. Hier ist Kreativität des Überflusses zu lernen: Alles wird aufgetischt, und man wundert sich, wo das alles auf einmal herkommt.

So ist die Fähigkeit zur Verschwendung keine Frage von arm und reich, sondern sie ist eine Frage der Einstellung zum Leben, letztlich eine geistliche Frage nach einer Spiritualität, in der wir lernen, uns mit dem Leben beschenkt sein zu lassen, nicht immer nur als Last und Verpflichtung, sondern auch und grundlegend als Gnade und Ermöglichung. Denn: Wer sich nichts gönnt, kann anderen nichts gönnen. Wer nichts von der Hingabe an den Genuss des Lebens in seinen schönsten Formen weiß, kann auch sich nicht hingeben dafür, dass andere ebenfalls in den Genuss solchen Lebens kommen. Wer nicht mal selbst etwas »auf den Kopf haut«, und damit die Gesetze von Sparsamkeit und Tausch durchbricht, wird wohl nicht umhin kommen, anderen mit dauernden Verpflichtungen, Moralisierungen und Verkleinerungen des Lebens auf die Köpfe zu hauen. Wer knausrig ist, traut selbst Gott keine darüber hinausgehende Liebe zu. Wir erleben es manchmal bei uns und bei anderen, dass ein Geschenk Menschen erschreckt, weil sie kein Gegengeschenk haben. Es ist nicht einfach, ohne »Schlagabtausch«, ohne Verpflichtung, ohne Zugzwang beschenkt zu werden oder zu schenken.

Sich beschenken lassen und Freude teilen
In diesem Zusammenhang erinnere ich mich an ein eindrucksvolles Erlebnis, das ich mit Jugendlichen vor Jahren in Assisi hatte. Wir waren auf einer Wanderung in der Waldgegend der Carceri, als wir unversehens auf eine freundliche Lichtung kamen. Dort lagerte eine italienische Großfamilie: Kinder in allen Altersstufen, Eltern und Großeltern. Sie waren beim Mahl: Brot, Wein und Käse. Wir grüßten und wollten vorübergehen, als uns der Vater den Becher und das Brot zureichte. Die anderen Familienmitglieder stimmten sofort in die gleiche gastfreundliche und einladende Geste mit ein. Wir waren überrascht. Wir zögerten, und es kostet erst das gute Zureden der Familie und unsere eigene Überwindung, bis wir zugriffen, mit ihnen aßen, tranken und, so gut es ging, Verständigungen suchten. Nach einiger Zeit verabschiedeten wir uns. Und wieder kam uns dieses eigenartige komische und beschämende Gefühl, das wir nicht so ganz einordnen konnten und uns unsicher machte. Wir waren in der Schwebe zwischen Tauschordnung und Gabeerfahrung.

Wir haben uns am Abend über dieses Erlebnis unterhalten. Dabei wurde uns klar: Wir waren gefühlsmäßig unfähig, uns beschenken zu lassen, ohne an »Revanche« zu denken. Wir wussten ja, dass wir diese herzensguten Menschen nicht mehr wiedersehen werden, dass wir nicht sagen konnten: »Das nächste Mal bei uns!« Wir hatten am eigenen Erleben gespürt, wie tief in uns jene Tauschgerechtigkeit sitzt, jenes Aufrechnen von Geschenk und Gegengeschenk, am besten gefasst in dem Slogan: »Ich bekomme ja auch nichts geschenkt!« Aber wir *hatten* etwas geschenkt bekommen, und das hat uns irritiert, weil wir es nicht mehr »heimzahlen« konnten. Es fiel uns schwer, uns über das hinaus »überflüssig« beschenken zu lassen, was wir nicht wieder zurückschenken konnten.

Dies alles passt gut zusammen mit dem wohl schönsten Text des II. Vatikanums, mit der Pastoralkonstitution, die mit den Worten »Freude und Hoffnung« beginnt, und weiterfährt: Bedrängnis und Trauer der Menschen von heute... sind Freude und Hoffnung, Trauer und Bedrängnis« der Christen und Christinnen und der Kirchen. Nicht nur Trauer und Not also, sondern auch die Freude. Beides gehört zu einem mitfühlenden Menschenleben. So konnte sich Jesus mit den Menschen herzlich freuen und mit ihnen feiern, so konnte er sich aber bis ins Mark anrühren lassen vom Leid der Menschen.

Mit »Kana« beginnt alles: Lebt und genießt die Freude am Leben und an den Stunden der Verschwendung. Denn: »Herzensfreude ist Leben für den Menschen, Frohsinn verlängert ihm die Tage.« (Sir 30,22). Genießt die Kraft des Leibes und des Geistes. Versage Dir nicht die Lust am Leben, die Suche nach Lebensglück, nach Fröhlichsein und Feiern. Genießt die Musik und die Natur, die Freiheit, die Freundschaft und die Liebe. Lasst Euch die guten Seiten dieses Lebens nicht verkleinern. So schreibt schon Jesus Sirach im Alten Testament: »Wer sich selbst nichts gönnt, wem kann er Gutes tun?«, und noch heftiger: »Keiner ist schlechter als einer, der sich selbst nichts gönnt...« (Sir 14,5–6). Konstatin Wecker singt 1979: »Wer nicht genießt ist ungenießbar!«[177]

4.5 *»Zufälle bilden um und verwandeln«*

Nach Friedrich Dürrenmatt gilt: »Jenseits eines über die Menschen hereinbrechenden Fatums ist der Zufall... einzig die sich aus dem nicht zu eliminierenden Spielraum menschlicher Individualität ergebende überraschende und unerwartete Konstellation, deren Folgen positiv oder negativ sein können.... Indem der Einzelne sich nicht aus dem Allgemeinen ergibt, indem er ›außerhalb der Berechnung steht‹, entsteht das Zufällige.«[178] Dem liegt die »Vorstellung einer Welt zugrunde, die sich nur in ihren äußersten Konturen anhand von Regeln fassen lässt, deren innerstes Geschehen indes entsprechend der Mannigfaltigkeit der Individuen in unüberschaubar viele, unvorhersehbar kollidierenden Handlungsstränge zersplittert ist.«[179] Wenn Planung König ist, dann ist der Zufall ein ernst zu nehmender Hofnarr. Als ästhetische Form des Zufalls und des Einzelnen gegenüber allgemeinen Regeln im sozialen Sein und im Bewusstsein konsultiert Dürrenmatt die Mittel der Ironie und der Parodie.

Der Zufallseinbruch in den Glauben ist der Zweifel. Dürrenmatt verbindet das Verhältnis von Zweifel und Glauben mit der Kategorie der Zeit, mit der Unterschiedlichkeit des Augenblicks: »Denn ich glaube, je nach dem Augenblick. Es gibt Augenblicke, da ich zu glauben vermag, und es gibt Augenblicke da ich zweifeln muss.« Und: »...nur wer seine Zweifel nicht unterdrückt, ist imstande, sich selbst zu bezweifeln, ohne zu verzweifeln, denn wer glauben will, verzweifelt, wenn er plötzlich nicht glauben kann. Aber wer sich bezweifelt, ohne zu verzweifeln, ist vielleicht auf dem Weg zum Glauben.«[180] Für die Theologie steht also an, in der Begegnung jenen Augenblick der gegenseitigen Befragung, der Irritation, auch der Bezweifelung und der belächelnden Ironie ernst zu nehmen. Es wird nicht überraschen, wenn auch hier das Wort der Schwebe nicht unangemessen ist.

So kann Emil Weber in seiner Arbeit zu Friedrich Dürrenmatt dessen frühe Prosa als kritisches Korrektiv zum Christentum begreifen, vor allem im Zerbrechen ihrer Festlegungen und im Aufbrechen eines überraschungsarmen Gottesbegriffes durch Frage und Zweifel.[181] Denn der Unterschied zwischen Literatur und Theologie liegt nicht darin, wie der italienisch-portugiesische Schriftsteller Antonio Tabucchi 2005 in einem Interview bei »arte« sagte, dass die Literatur Fragen stelle und dass die Theologie Fragen beantworte. Vielmehr bleiben gerade der Theologie die Kehrseiten des Lebens und das Fragen nicht erspart, ja die Fragen verschärfen und verlängern sich zusätzlich, wie die biblische Klage zeigt. Der Unterschied liegt eher darin, dass die Theologie daran festhält, dass es ein nicht festzuhaltendes göttliches Gegenüber gibt, eine geheimnisvolle Wirklichkeit, die hört, zuhört, letztlich sogar erhört. Dürrenmatt formuliert hier: »Jedes Religiöse ist etwas Lebendiges, Sich-Wandelndes, Kreatives, aus diesem schöpferischen Zentrum heraus entstanden und entstehen immer neue und alte Mythen, wurden und werden umgewandelt; beschäftigt doch nichts so sehr die Phantasie wie das Religiöse.«[182] Die Nähe des Religiösen zur Phantasie des Dichterischen liegt auf der Hand.

Die Theologie kann also nicht in einem System aufgehen, dergestalt, dass dadurch offene Fragen, Überraschungen, eben der Zufall »zugekittet« werden. Diese These gilt für beide a priori, für die Literatur wie für die Theologie. Für letztere stehen besonders die biblischen Eingaben, die deutlich machen: es gibt schon innerbiblisch keine Theologie, sondern Theologien mit vielen Narrativitäten, mit vielen Überraschungen und Zufällen, die allerdings in irgendeiner Weise auf Gott bezogen werden. Freiheit und Zweifel bedingen sich gegenseitig. Glaube und Freiheit können nach Dürrenmatt authentischerweise nur ineinander existieren: »meinem Zweifel zuliebe..., dem ich ebenso die Treue halte wie meinem Glauben, gibt es doch nichts Zweifelhafteres als einen Glauben, der den Zweifel unterdrückt«.[183] Nicht zuletzt kann der entsichernde Zweifel solidarischer Ausdruck der Verletzbarkeit von Glaube und Theologie sein.[184]

In der Schwebe

Zwischen Notwendigkeit und Zufall gibt es damit kein Entweder-Oder, sondern ein Sowohl-als-auch. Diese Perspektive ist als »Schwebe« immer wieder neu, auf dem Hintergrund wechselnder Texte und auch wechselnder Räume auszuhalten. Brisant ist dabei der Gedanke, dass der Drang, alles Zufällige auszuschalten, ein Vollzug der menschlichen Herrschaft ist, worin der Mensch sich selbst Göttlichkeit anmaßt, eine Divinität, die oft zur Bestialität führt.[185]

In einem Vortrag in der Katholischen Akademie Freiburg im Februar 1984 stellt Karl Rahner hinsichtlich der Theologie einmal mehr klar: Wenn wir von Gott reden, dann müssen wir immer wieder das, was wir sagen, auch wieder zurücknehmen: »die unheimliche Schwebe zwischen Ja und Nein als den wahren und einzigen festen Punkt unseres Erkennens aushalten und so unsere Aussagen immer auch hineinfallen lassen in die schweigende Unbegreiflichkeit Gottes selber, wenn auch unsere theoretischen Aussagen noch einmal mit uns selber zusammen unser existentielles Schicksal teilen einer liebend vertrauenden Hingabe unseres Selbst an die undurchschaute Verfügung Gottes, an sein Gnadengericht, an heilige Unbegreiflichkeit.« So seien wir »durchzittert von der letzten kreatürlichen Bescheidenheit, die weiß, wie man wirklich allein von Gott reden kann«, die »nicht beruhigt meint, klar und durchsichtig zu reden, sondern die analoge Schwebe zwischen Ja und Nein über dem Abgrund der Unbegreiflichkeit Gottes erschreckt und zugleich selig erfährt und bezeugt.«[186] Hier streift Rahner die Einsicht Adornos, dass auch die Erkenntnis dem »Bannkreis des Daseins« nicht entrücken kann und »mit der gleichen Entstelltheit und Bedürftigkeit geschlagen ist, der sie zu entrinnen vorhat«.[187]

Bei Dürrenmatt ist das radikale Verständnis von Zufall entscheidend, nämlich dass er wirklich die Unterbrechung aller Kontinuität und Wahrscheinlichkeit ist, dass er sich nicht hinterrücks dann doch wieder einem verborgenen Plan verdankt, sondern alle Pläne auf den Schaft durch unterbricht und zerbricht. Die damit verbundene individuelle Ohnmacht ertragen und nicht vorschnell zu kaschieren, auch nicht lückenbüßerisch mit dem Gottesbegriff, liegt Dürrenmatt am Herzen. So können seine Geschichten eine allzu wohlleibige Theologie und Spiritualität in die Diät schicken.

Freiheit und Notwendigkeit

Theologisch zu beherzigen ist die mit der Radikalisierung des Zufalls verbundene Einsicht, dass die Welt nicht planbar in einem kontinuierlichen Fortschrittsprozess gesehen werden kann, sondern im Bild eines ständigen Auf-und-Abs vieler unterschiedlicher Aufbrüche und Abbrüche (hier könnte Dürrenmatt ein entsprechendes Gespräch mit Giordano Bruno eröffnen, 1.3). Die Gottesfrage, die hier in den Fragekontext des Zufalls gestellt wird, wird Gott nicht nur als Herkunft und Zukunft apostrophieren, sondern als eine Gottheit, die gerade in der Schwebe, die sie auch selber ist, alles andere als festgelegt zu denken wäre, nämlich als selbst offen für Überraschungen und damit als überraschungsfähig

Der Zufall wird zur Kategorie der Freiheit: »Zufälle bilden um und verwandeln; nichts gehört sich so, einfach weil es geworden ist. Was ist, könnte auch anders sein. Dürrenmatt wird neue Welten erfinden. Was heißt, die bestehende in Frage stellen.«[188] So eröffnet sich der Blick in eine labyrinthische Welt, aber nicht aus der Vogelperspektive, sondern von unten und

mittendrin. Darin kann der Zufall auch zum Einfallstor der
»Panne«, der Unfreiheit, des Freiheitsentzugs, der Katastrophe
werden.[189]

Die Frage, ob Theologie eindeutig sei, ist auf weite Strecken
mit Recht aufgrund des göttlichen Geheimnisses in Schwebe zu
halten, nicht aber, weder bei Dürrenmatt noch in der Theologie,
wenn es sich um ein ganz bestimmtes menschendienliches oder
menschendestruktives Verhalten handelt. Hier ist Mt 25 genauso eindeutig wie offenbar Dürrenmatt. Hier gibt es keine
Schwebe mehr. Wo Notwendigkeit herrscht, kann nichts mehr
dem Zufall überlassen sein.[190] Hier gilt all das, was an sozialtheologischer Kritik gegen plakative postmoderne Einstellungen
zu sagen wäre.[191]

Vollständigkeitsfiktion und Zufall in den Geisteswissenschaften

»Früher« wurde jungen Wissenschaftlern und Wissenschaftlerinnen eingebläut, sie müssten, wenn sie ein Thema bearbeiten
wollten, alles Bisherige, was dazu geschrieben wurde, lesen,
bevor sie erst einmal auf dieser Basis selbst das Denken anfangen könnten. Erst darin würde sich der Erkenntnisfortschritt
gegenüber dem Bisherigen zeigen können. Es gibt dabei allerdings ein Problem: die Frische des ersten Zugangs auf ein
Thema, die oft damit verbundene Explosion von Ideen und Ahnungen, wohin es gehen könnte, wird dabei ausgebremst, auch
wenn sicher nicht zu leugnen ist, dass gründliche Lektüre immer auch selber neue Kreativität hervorruft. Aber das gelingt
nur, wenn das »Sapere aude« Kants, sich des eigenen Verstandes
zu bedienen, wenn der Geschmack am eigenen Denken bereits
entwickelt ist und sich weiter entwickeln darf.

Und dann darf man in den Geisteswissenschaften auch nicht vergessen, dass man Energie und Zeit für die Lektüre von Literatur benötigt, die mit dem Thema offensichtlich oder zunächst gar nichts zu tun hat: Gerade das Weggehen in diese ganz anderen literarischen Welten (sei es in den anderen theologischen Disziplinen, in anderen Humanwissenschaften, sei es in der Literatur und Poesie, sei es in irgendeinem Bereich, der zu lesen einfach Spaß macht jenseits jeder Absichten), dieses Gehen auf einem weiter entfernten parallelen Weg oder einem Weg in einen ganz anderen Wald, in eine ganz andere Gegend, bleibt nicht ohne Wirkung auf den Weg der eigenen Forschung, auf den man dann wieder zurückkehrt. Es ist nicht von ungefähr, dass es im Untergeschoss der vor allem theologischen, exegetischen und archäologischen Bibliothek in der École Biblique in Jerusalem eine fantastisch große Abteilung für Kriminalromane gibt. Und manchmal ergeben sich unterirdisch und manchmal auch an der Oberfläche überraschende Verknüpfungen, verrückte Ideen und unerwartete Passagen.[192]

Angesichts der Freiheits-, Ressourcen- und Kreativitätsgrenzen, die durch die Ökonomisierung und Bürokratisierung der Wissenschaften rasant enger geworden sind, muss die Geisteswissenschaft nicht im eigenen Bereich auch noch dazu methodische Wege gehen, die ihre Freiheit, »ver-rückt« zu denken, bremst.[193]

5. Gratuitäten

5.1 »Die Rache der Natur am Zivilisationsprozess«

Feste zu feiern ist menschlich und, wie der Philosoph Odo Marquard hinzufügt, *nur* menschlich.[194] Das Feste-Feiern scheint den Menschen noch ausschließlicher zu charakterisieren als Intelligenz, die man vielen Tieren ja nicht absprechen kann. Doch was macht das Fest so bedeutsam?

Marquard sieht den Kern des Festes in der Haltung des sich Verdankens und des Dankens: Innezuhalten, in ein »Moratorium des Alltags« zu gehen und Dank zu sagen für das, was gut und zugleich nicht selbstverständlich ist; und dabei Gott oder einem anderen »größeren Zusammenhang« die Ehre zu geben. Dank zu sagen für eine Freundschaft, für eine Liebe, für einen Erfolg, für ein schönes Erlebnis oder für eine rettende Erfahrung oder »einfach« für das Leben. All das sind Erfahrungen, die nicht selbstverständlich und meist oder großenteils ein Geschenk sind.

Dabei lässt man Routinen hinter sich und übersteigt sie, Ordnungen und Hierarchien werden unterbrochen und die Zwecke des Alltags außer Kraft gesetzt. In diesem Sinn ist das Fest so etwas wie eine Schwebe, eine Zeitenthobenheit in der Zeit. Ein solches Fest vollzieht, was biblisch das Gotteslob ausmacht: nämlich in der Feier eine andere Wirklichkeit größer sein zu lassen als sich selber. Wo immer Menschen eine Ahnung davon haben, dass sie sich mehr verdanken als dem, was sie selber geleistet haben, da gibt es ein »Transzendieren«, ein Überschreiten des Eigenen: auf einen anderen Menschen oder auf eine andere Wirklichkeit zu. Da können sie ein Fest feiern.

Das Fest lässt ein Ereignis größer sein als es ohne diese Feier wäre. Dieses Überbordende kann sich auf die Form des Festes selber niederschlagen, als Verschwendung. Es ist interessant, dass das erste Wunder Jesu bei Johannes kein Mängel- und Heilungswunder, sondern bei der Hochzeit von Kana (Joh 2,1–12) ein Verschwendungswunder ist.

Das Überbordende kann auch in Festreden, im Lob Anderer und in der Feier einer Hoffnung über das Jetzige hinaus zum Ausdruck kommen. Das eine wie das andere können selbstverständlich auch zusammenkommen. So ist das Fest der zeitliche Raum, wo etwas erfahren wird, was über unmittelbare Zwecke hinausgeht, was das Gefühl des Außergewöhnlichen steigert, was Ehrungen ermöglicht u. ä.

Exzess und Rückkehr

In Dantes göttlicher Komödie ist das Paradies ein großes Fest.[195] Auch diesseitige Feste haben etwas Paradiesisches, also etwas »Unmögliches«, sie werden als Splitter des verlorenen Paradieses und als Vorschein des künftigen Paradieses erlebt. Das Fest lässt in seiner Ausgelassenheit die Unschuld und Ursprünglichkeit des vitalen Lebens erahnen, erspüren, entdecken und ausleben.

Nach Sigmund Freud ist das Fest »Die Rache der Natur am Zivilisationsprozess«.[196] Weil ansonsten das Leben mit verschiedenen Notwendigkeiten geregelt ist, weil man darin Ordnungen einhalten muss und sich keine Eskapaden erlauben darf, benötigt die *ganze* Wirklichkeit des Menschen mit seinen Fähigkeiten, Tiefen und Untiefen einen »Ex-Zess«, also ein Hinausgehen aus dem Gebotsbereich in den Bereich des ansonsten kaum oder nicht Erlaubten, in die Ausschweifung, in die Verschwendung.

Der mittelalterliche Karneval, in dem die Rollen gewechselt werden, in dem der Arme zum König wird, stellt zwar die bestehende Ordnung auf den Kopf, aber eben nur in der Form der

Feier, des ansonsten Unerlaubten, einer Verrücktheit also, eines »Wahnsinns«, der auf eine begrenzte Zeit hin ausgelebt werden darf. Mit der Aufklärung und mit der Bindung von Ordnung und Gesetz, von Wissenschaft und Religion an das Regiment der Vernunft ist das Fest dann jener Bereich, in dem »das Andere der Vernunft« zum Vorschein kommen darf, die Sehnsucht und die Lust am Leben.

Ein Fest kann die Ordnungen des Alltags in Bewegung bringen: Es kann auch zu einer »Schwellensituation« werden, aus der man anders herausgeht als man hineingegangen ist. Das »Andere«, das darin erlebt wird, kann (auch) die Auswirkung haben, das Bisherige nicht zu bestätigen, sondern darin etwas Neues zu entdecken, wahrzunehmen und anzustoßen. Das Fest ist dann nicht nur ein karnevaleskes Gegenfest, sondern ein Ort, wo etwas ausgelebt und gelebt werden darf, was man auch im Alltag aufzufinden vermag oder herzustellen sucht. Damit meine ich nicht eine Verfestlichung des Alltags, sondern dass zum Beispiel die Art und Weise, wie auf einem Fest die Menschen miteinander umgehen, auch auf die nichtfestlichen Handlungen und Strukturen des Alltags ausstrahlen.

In der altägyptischen Festkultur wird das Fest des »Schönen Tages« als eine Zeit beschrieben, in der die Menschen ihr Herz erfreuen und ihrem Herzen folgen. Das Fest erweist sich als Herzens(an)gelegenheit.[197] Der im Alltag vorherrschenden Form funktionaler Beziehungen wird im Fest eine darüber hinausgehende Beziehung entgegengelebt, wo Menschen sich anders als nur als sich gegenseitig Verzweckende wahrnehmen. Das täte auch dem Alltag gut.

Allerdings gibt es auch die Tendenz, den Alltag selber zu verfestlichen mit vielen kleinen zersplitterten Festlichkeiten und dabei das »Erhabene« in dieser modernen Weltentzauberung zu verlieren. Es wird der Alltag gefeiert, aber kein Fest, das den Alltag unterbricht.[198] Der Alltag wird selbst zum dauernden Fest gemacht und das Feiern für die entsprechenden Interessen verzweckt. Wie wenn in der Berufswelt eine Feier dazu benutzt wird, mit Berufskollegen und Kolleginnen oder mit dem Chef und der Chefin etwas anzusprechen. Solche Verzweckungen ersticken das Fest von vielen Seiten her und zerfransen es.

Es geht um die Wiedergewinnung des wirklichen Festes als »Ausnahmezustand«. Ein anderer großer Ausnahmezustand des Menschen ist (neben dem Drogenmissbrauch) der Krieg. Auch der Krieg ist die Flucht vor der Wiederkehr des Gleichen, das große Abenteuer, »eine völlige Umwälzung der Lebensweise und der alles regelnden täglichen Ordnung«.[199] Es ist also nicht ungefährlich, die Feste zu verharmlosen oder in den Alltag hineinzuplanieren, weil damit eine wunderbare Möglichkeit zerstört wird, dem Alltag zu entfliehen und eher in der Lust als in der Gewalt die »Unordnung« zu suchen. So gilt es, in den Familien, Institutionen und auch in den Religionen der Verfallsgeschichte des Festes und des Feierns entgegenzustehen, und das aus vielen, hier nur angedeuteten Gründen. Damit Menschen sich weniger dazu getrieben fühlen, andere »Ausnahmezustände« zu suchen.

5.2 *»Liebe kann man nicht begraben«*[200]

Es ist gar nichts Ungewöhnliches, wenn sich bei älteren Menschen der religiöse Glaube immer mehr reduziert oder auch konzentriert auf das, was die je persönliche Kernhoffnung ausmacht, nicht selten schon an der Grenze zum Schwächerwerden bisheriger Glaubenseinstellungen, ja sogar zu ihrem fast lautlosen und schmerzlosen Verschwinden. Seit geraumer Zeit befinde ich mich in dieser Phase, und möchte, sozusagen als Zwischenetappe, formulieren, welche Kernhoffnung ich in dieser anwachsenden Schwebe des Nur-noch-wenig-Glauben-Könnens nicht aufgeben möchte. Diese Weigerung, alles der Schwebe auszusetzen, befindet sich selbstverständlich objektiv selbst in der Schwebe, auch wenn ich das subjektiv nicht gerne wahrhaben will: es bleibt mein unbeweisbarer »Fixstern«!

Es wäre für mich nicht auszuhalten, dass Liebe spurlos zugrunde geht, dafür habe ich zu viel Liebe erfahren und bei anderen erlebt, gerade wenn Liebe nichts festhalten konnte, vor allem nicht geliebte Menschen, die gestorben sind. Auch wenn Solidarität oft »vergeblich« erscheint.

Und es wäre für mich ebenfalls nicht auszuhalten, dass Lieblosigkeit und Leidzufügung konsequenzlos geschehen können, weil es keine Verantwortung vor einer unausdenklichen, unerschöpflichen Macht gibt, in der Liebe und Freiheit zu unvorstellbarer Gerechtigkeit verschmolzen sind.

Unter Menschen, die geliebt wurden und lieben können, wird der geliebte Mensch so geliebt, dass sein Dasein unbedingt ersehnt und erwünscht ist. Wer liebt, will, dass der geliebte Mensch *ist*, dass er da ist, dass er lebt, dass er vorhanden ist. Das Beste, was Menschen passieren kann, ist, dass sie von Anfang an ersehnt sind und dass es ihr Sein gibt, weil sie ersehnt sind. In vielen Gedichten und Erzählungen, in Prosa und Poesie, kommt dieses Verhältnis von Unendlichkeit und Liebe, von Liebe und Sein-haben-Wollen zum Ausdruck.

Kann man dieses Ereignis auch über den Tod hinausdenken, auf eine Wirklichkeit jenseits des Seins? Dürfen die Menschen auch Ähnliches denken und hoffen, wenn es um das Dasein aller Menschen überhaupt und dieser Erde und des ganzen Universums geht? Was ist das Motiv, warum das alles *da* ist, warum es besteht, warum nicht nichts ist?

Eine Liebe, die »siegt« und allmächtig ist, ist als göttlich anzusehen. Sie *ist* Gott, sie ist identisch mit einem Gottesbegriff: in und durch den Liebe und Freiheit und Intentionalität (denn ohne »Personalität«, wie immer anders sie mit Gott gegeben ist) kann Liebe nicht gedacht werden) unendlich und unerschöpflich vereint sind. Nicht zuerst sei Gott die Liebe, sondern die Liebe sei Gott. Das ist in vielen Formen die menschliche Hoffnung. Oder anders: Es geht nicht zuerst um die Anerkennung Gottes (mit ihren oft unterwerfenden und patriarchalen Anteilen), sondern um die hoffende Anerkennung der »Ewigkeit« der Liebe.

»Lass Liebe gelten, da gering der Glaube«[201]

Ich habe mich in den letzten Jahren mit den Gedichten des »Geistlichen Jahres« von Annette von Droste Hülshoff beschäftigt. Dabei gibt es viel Faszinierendes zu entdecken, besonders aber: Bei Droste ist es die Liebe, die vor allem Glauben erlebbar und notwendig ist. Glaube hat Dienstcharakter für die Liebe.

Als ihre Adressaten und Adressatinnen formuliert sie: »Es (sc. Das Geistliche Jahr) ist für die geheime, aber gewiss sehr verbreitete Sekte jener, bei denen die Liebe größer wie der Glaube, für jene unglücklichen aber törichten Menschen, die in einer Stunde mehr fragen als sieben Weise in sieben Jahren beantworten können. ... Ich darf hoffen, dass meine Lieder vielleicht manche verborgene kranke Ader treffen werden, denn ich habe keinen Gedanken geschont, auch den geheimsten nicht.«[202]

Am besten, Droste spricht selbst:

> Du, der verschloßne Tore kann durchdringen,
> Sieh, meine Brust ist ein verschloßnes Tor. ...
> Brich ein, brich ein! Oh komm mit deiner Macht,
> Lass Liebe gelten, da gering der Glaube, ...²⁰³

Und:

> Ist es der Glaube nur, den du verheißen,
> Dann bin ich tot....
> Ach, nimmst du statt des Glaubens nicht die Liebe
> Und des Verlangens tränenschweren Zoll,
> So weiß ich nicht, wie mir noch Hoffnung bliebe ...²⁰⁴

Es ist die Liebe, die den Glauben treibt, und der Glaube ist nichts wert, der nicht die Liebe begründet. Und wenn es die Liebe ist, kann die Lieblosigkeit nicht übersehen werden. Vergebung storniert nicht, sondern mobilisiert »Vergeltung« in diesem Sinne. Liebe zieht sich nicht in einen eigenen Raum zurück, sondern lässt die Sühne aus der empfangenen Liebe heraus explodieren. Denn Gott holt dann nach, was Gott vorher nicht gegeben hat, nämlich die Erfahrung allumfassender Liebe. Es ist eine Liebe, die keine Lieblosigkeit einfach *spurlos* vergibt, weil gerade das eine mangelnde Sensibilität und eine Lieblosigkeit denen gegenüber wäre, die Schmerz und Trauer erfahren mussten. Vom Kern der Liebe her ist für Droste die Sühne für Lieblosigkeit elementar unerlässlich. Warum der diesseitige leidvolle Vorlauf sein »muss«, das wissen wir nicht. Hier beginnt das Recht der Geschöpfe zu klagen und anzuklagen.

Auch die Auferstehung gibt es nicht wegen egobezogener Existenzsicherung, sondern um weiterhin lieben zu können und geliebt zu werden. Es geht primär nicht darum, dass die Menschen weiterleben, sondern dass der Raum der Liebe Macht bekommt, ja jene Allmacht bekommt, in der es gar nicht anders denkbar ist, als dass Leben nicht vernichtet wird. In ihrem Gedicht *Letzte Worte* vertieft Droste die Einsicht, dass der Tod die gegenseitige Solidarität nicht trennt:

> Geliebte, wenn mein Geist geschieden,
> So weint mir keine Träne nach;
> Denn, wo ich weile, dort ist Frieden,
> Dort leuchtet mir ein ew'ger Tag!
>
> Wo aller Erdengram verschwunden,
> Soll euer Bild mir nicht vergehn,
> Und Linderung für eure Wunden,
> Für euern Schmerz will ich erflehn.[205]

Eindrucksvoll ist hier vor allem die solidarische Beziehung der im ewigen Tag sich befindlichen Verstorbenen. Es geht nicht nur darum, dass die Lebenden die Verstorbenen nicht vergessen, sondern umgekehrt: die Verstorbene wird das Bild der Lebenden nicht vergessen und sie wird für die Linderung ihrer Wunden sich einsetzen, so dass sie keinen Schmerz mehr haben. Es ist die Sorge um die Geliebten, die sie über den Tod hinaus weiterleben lässt. Theodor Storm, der bereits jede Art von religiösem Glauben verabschiedet hat, hängt gleichwohl immer noch an dieser Sorge: »Dass ich nichts mehr werde von euch wissen, nicht mehr für euch sorgen dürfen, das ist schrecklich!«[206]

Es geht nicht um die Auferstehung des Individuums um jeden Preis, sondern es geht um die Auferstehung einer neuen Schöpfung, in der die Menschen im Horizont einer unerschöpflichen Liebe weder sich noch die anderen aufgeben müssen, sondern für sich selbst *und füreinander* gerettet sind. Liebe ist die Ermöglichung von Sein, sie will nicht nur das eigene Sein, sondern auch das Sein der Anderen. Es geht nicht um das Überleben des bürgerlichen Ichs im Jenseits, nicht um das Überleben dieses kolonialistischen bzw. fundamentalistischen Ichs und Überichs.

Liebe hat deshalb allerwenigst mit dem menschlichen Personenbegriff zu tun, der immer eine egomane Schlagseite hat. Sie ist unendlich überpersonale Wirklichkeit, aber nie unterhalb des Niveaus des Personalen. Sie ist aber nicht nur ein Raum, Liebe ist auch keine unpersönliche Energie, sie geht vielmehr weit über den menschlichen Personenbegriff hinaus, unendlich darüber hinaus. Liebe kann nicht unterhalb der Qualität der Personalität gedacht werden, doch ist diese Art von Personalität nicht auf Abgrenzung, sondern auf unendliche Entgrenzung angelegt. Sie ereignet sich von vornherein im interpersonalen Netzwerk allumfassender Solidarität und Liebe.

Wenn es nicht die Liebe ist, die den Glauben ersehnt und wenn der Glaube nicht seinerseits Liebe beinhaltet und bekräftigt, dann ist der Glaube tatsächlich nichts als eine klingende Schelle, wie Paulus sagt. In 1 Kor 13, 1 und 13 hat Paulus eine Ahnung davon, obwohl für ihn der Glaube elementar wichtig ist: allerdings der Glaube an die Rechtfertigungsgnade Gottes gegenüber dem sündigen *und* gottlosen Menschen. Gerade der Glaube an die Rechtfertigung beinhaltet eben diese Hoffnung, dass es diese unbedingte Liebe gibt, und dass sich der Glaube selbst nicht zur Bedingung für deren Wirklichkeit macht.[207]

Liebe kann niemals ohne die Anderen existieren, sonst hat sie nichts mit dem Wesen der Liebe zu tun, die immer unbegrenzt angelegt ist. Paulus wird nicht müde, in 1 Kor 13,1–13 diese Unbedingtheit und Grenzenlosigkeit, wie sie sich auf Seiten der Menschen spiegeln könnte, zu verdeutlichen. Eschatologisch und kosmologisch bedeutet dies, dass die Liebe das Universum trägt, in der christologischen Fassung bedeutet dies nach dem Kolosserhymnus (Kol 1,12–20): dass Gott die Schöpfung durch Christus geschaffen hat. Nur eine Liebesmacht, die mit dem Leid der Welt Mitleid hat, ist es wert, unendliche Liebe genannt zu werden. Im christlichen Bereich bespricht Christus diesen Mitschmerz und die Mitfreude, dieses Mitgefühl Gottes mit der Welt.

5.3 »Jeder soll einen Schritt näher kommen.«

In seinem Vortrag »Die spirituellen Quellen des Islam« auf dem Symposion zum Abschied von Prof. Dr. Karl Prenner am 2.12.2016 an der Katholisch-theologischen Fakultät der Universität Graz hat Prof. Dr. Dževad Karahasan die Geschichte des Sufi-Mystikers Abu Said aus dem 11. Jahrhundert erzählt:

»Als Scheich Abu Said, einer der berühmtesten Sufis des elften Jahrhunderts, einmal nach Tus kam, strömten in Erwartung seiner Predigt so viele Gläubige in die Moschee, dass kein Platz mehr blieb. ›Gott möge mir vergeben‹, rief der Platzanweiser: ›Jeder soll von da, wo er ist, einen Schritt näher kommen.‹ Da beendete der Scheich die Versammlung, bevor sie begonnen hatte. ›Alles, was ich sagen wollte und sämtliche Propheten gesagt haben, hat der Platzanweiser bereits gesagt‹, gab er zur Erklärung, bevor er sich umwandte und die Stadt verließ: ›Jeder soll von da, wo er ist, einen Schritt näher kommen.‹[208]

Karahasan gibt der Geschichte eine zusätzliche Dynamik, indem Abu Said diese Einladung wiederholt, und die Menschen rücken immer einen Schritt näher, bis der Prediger sagt, dass damit das Ziel seines Vortrags schon erreicht ist, nämlich nach und nach Schritte näher an das Wesen der Predigt über Allah gekommen zu sein.

Dieses »... einen Schritt näher« lässt auch die Tiefe des Mihrab in der Moschee besser erahnen. Eine Nische in der Mauer, erleuchtet durch ein Licht, eine Lichtnische also, endet nicht mit dieser Mauer, sondern öffnet sie nach hinten und nach außen ins Licht, und lässt dahinter einen Schritt und viele Schritte weitergehen. Denn hinter der Mauer: da ist die Stadt, die die Moschee umgibt, dahinter ist Gottes Welt, und der Blick geht weiter und endet im Zentrum der muslimischen Welt, in Mekka. Hier kommt zuerst ein Vorhang, und auch hier wieder ein Dahinter, der Schwarze Stein der Kaaba, die Abwesenheit von jeder Farbe, die Freiheit von jeder Festlegung. Hier dann kommt die Grenze der Welt in den Blick, die Grenze zwischen der Welt und der Unendlichkeit der anderen Welt und der Unendlichkeit Gottes.

Der ganze Weg ist, im christlichen Sprachspiel formuliert, die schier unendliche Welt der Doxologie (7.2), der Anerkennung Gottes und seines Gottseins, die darin besteht, ihn immer nochmals »dahinter« größer und weiter sein zu lassen als gedacht, bebildert und erfahren.

Die Gebetsnische, der Mihrab, öffnet die Moschee auf die Umgebung, auf die ganze Welt und auf die göttliche Welt dahinter. Irgendwo, wo es für uns nicht mehr weitergeht, im Tod, beginnt die Unendlichkeit Gottes. Ein muslimisch gläubiger Mensch ist deswegen immer ein Suchender, auch über die eigene Moschee, über die eigene Ordnung und Semantik des

Glaubens, die eigene Offenbarung hinaus, auf die Unendlichkeit und Unerschöpflichkeit Gottes zu. Der Hanif, der gottsuchende Mensch, bleibt auch und gerade als Rechtgläubiger auf der Suche, und das bedeutet zugleich, dass er damit nie ans Ziel und ans Ende kommt.

Die ontologische Differenz zwischen Mensch und Gott ist radikal, nichts ist letztlich über Gott wissbar, der Riss zwischen Schöpfer und Kreatur ist selber unendlich. Substantielle Annäherungen gibt es allenfalls in der Mystik der Liebe, die ihren Grund in sich selbst hat und von den Grenzen der Bedingungen befreit. Es ist der Raum, wo es keine Wenn-dann-Strukturen mehr gibt (für den persischen Dichter Hafis ist es übrigens auch der Rausch, der Genuss des Weins, der für diesen Raum völlig unorthodox öffnet[209]).

Es ist ein permanenter Ikonoklasmus, ein Zerbrechen von Bildern, Wänden, Abschlüssen, ein Öffnen im Gang zu immer wieder neuen Bildern, in der Dynamik einer unendlichen Semiose und Ikonose. Kein Bild, keine Wand, keine Grenze darf sich dieser Dynamik fixierend entgegenstellen, als hätte sie in einem Bild, an einer Grenze das Ziel schon erreicht. Es geht immer nur einen Schritt näher. Wie in dieser Geschichte: Die Ameise ist auf dem Weg nach Mekka. Alle sagen zu ihr: Das wirst du nie schaffen! Und die Ameise antwortet, dass ihr das völlig klar sei. Und sie sagt: »Ich will auf dem richtigen Weg sterben!«

Derart ist der Mihrab ein Zeichen, das sich selber loslässt. Die Tür ist real zu, aber in ihrer mythischen Symbolisierung ist sie nur scheinbar zu, dahinter ist sie sperrangelweit offen: in das unerschöpfliche Geheimnis Gottes hinein und in die inhaltliche Qualität dieser Unendlichkeit, nämlich unerschöpflicher Liebe.[210] Dieses Geheimnis ist das ewige Außen der Schöpfung, auf das sich das Innen bezieht. Es gibt in den Religionen geheimnisvolle Türen zwischen Innen und Außen: der Mihrab zum Beispiel, oder auch Christus, wenn er sagt: »Ich bin die Tür« (Joh 10,9). Und auch Christus kann nicht festgehalten werden: Noli me tangere! (Joh 20,17).

Doch wehe, der Mensch bezieht diese Dynamik des »noch mehr« incurviert auf sich selbst und seine Macht- und Herrschsucht. Wieder einmal bekommt ein Shakespeare-Zitat recht: »The greatest is behind.«[211] Die beiden Herrschaftsgebiete, die Macbeth jetzt schon hat, öffnen den Blick auf noch viel mehr und noch wichtigere Königskronen. Hier zeigt sich die Ambivalenz dieses Noch-mehr und Noch-größer, nämlich wenn sie nicht auf Gott hin zugesprochen, sondern von der Herrschsucht des Menschen selber beansprucht wird. Während die Doxologie immer mit einer Selbstrelativierung im Angesicht Gottes zu tun hat, bringt das egozentrische Mehr und Größer immer Krieg, Leid und Tod in die Welt.

5.4 »Schwebe zwischen Ja und Nein«

Viele, die in christliche Bereiche hineingeboren und dort aufgewachsen sind, entwickeln im Laufe ihres Lebens immer mehr Unsicherheiten und Zweifel, auch Widerstände nicht nur gegenüber den Kirchen, sondern auch gegenüber Gott, wie er ihnen vermittelt wurde. Vor allem auch ältere Menschen kommen in diese Lage, in der sie nicht mehr wissen, was sie glauben oder nicht glauben sollen. Was vorher geordnet und vertrauenswürdig war, kommt jetzt in Turbulenzen und landet in einer eigenartigen »Schwebe« zwischen Ja und Nein, zwischen Vertrauensbestand und Vertrauensverlust, zwischen Zuversicht und Hoffnungsverlust. Auch mich hat diese Dynamik ergriffen. Und manchmal ergreift sie mich mehr, und zeitweise auch weniger. Und manchmal legt sie sich wie ein Schatten auf alles, was mich bisher geführt und getragen hat. Aber ist es nur ein Schatten? Ist gerade dieser Schatten von einiger Orientierungskraft für den Glauben selbst?

Schwebe scheint zunächst das Gegenteil von Glauben zu sein, der, wie mein ehemaliger Dogmatiklehrer es sagte, nichts Unsicheres in sich enthält, sondern nur Festigkeiten, auf die man sich verlassen kann. Weil sie ja von Gott selbst gesichert sind. Als könnten wir von Gott her wissen, was die Welt zusammenhält. Zweifel gilt dann als Gegenteil und Gefahr des Glaubens.

Glücklich, wer Sicherheit im Glauben hat, ich hatte sie auch einmal! Und ich weiß auch aus eigener und fremder Erfahrung, wie fließend die Grenze von dieser Sicherheit zur fundamentalistischen Sicherheit ist, die Gott in einem Bedingungsrahmen verfügbar hält. Nach dem Motto: wenn ich das und das tue, bekomme ich auch die Gratifikationen des Glaubens. Dass sich da Gottes Geheimnis in der binären Wenn-Dann-Sicherheit auflöst, liegt auf der Hand.

Spirituell gibt es dagegen die Erfahrungen traumnahen, meditativen Schwebens. Den mystischen Anteil im Glauben charakterisiert Karl Rahner als »Schwebe zwischen Ja und Nein« (4.6). Sind es Spuren der Transzendenz für fassungslose Geheimnisse, die in der Schwebe bleiben, aber wenigstens darin einen zerbrechlichen Ausdruck finden? Vor allem, wenn der Glaube in die Brüche des Lebens gerät. Gibt es so etwas wie eine Spiritualität, eine Mystik der Schwebe, die am Ende alle Halterungen abgibt, wirklich alle, – die am Ende alles abgibt, wirklich alles (7.1 und 7.3)? Ist dies, spirituell gesehen, der letzte Liebesakt, von Gott auch diesbezüglich nichts zu erwarten, auf dem

Hintergrund der Offenbarung seiner Todesnähe in Christus aber alles zu erhoffen? Oder, und hier wird die Schwebe schwindelig: Ist es vielleicht die radikalste selbstlose Liebe, sich in dieser Liebe beendet zu wissen?[212] Aber will Liebe nicht das Leben der Geliebten?

Was beide zusammenhält[213]

Es gilt von daher die Einladung an die atheistische Seite, sich ebenfalls nicht allzu sicher zu sein, sondern ihre Meinung, die sie ebenfalls über den Tod hinaus nicht verifizieren kann, in die Schwebe zu bringen. Ich selbst komme von der Seite des in Turbulenzen geratenen Glaubens, agnostische und atheistische Menschen kommen von der Seite des Nichtglaubens in diese Schwebe. Ein aggressiver Atheismus jedenfalls lebt über seine epistemischen Verhältnisse, weil er über etwas eine Aussage macht, nämlich dass es eine Transzendenz nicht gibt, worüber er letztlich gar nichts wissen kann.

Erkenntnismäßig haben wir das gleiche Problem und sitzen im gleichen Boot der Nicht-Erweisbarkeit. Und: Für die agnostische wie auch für die Glaubensseite möchte ich gerne dazu ermutigen, nicht einen zu kleinen Gott anzunehmen oder abzulehnen, sondern die eigene Begrenztheit hinein zu öffnen in die unbegrenzte Transzendenz, sei sie als das ewige Universum, sei sie als ein unendlich geheimnisvoller intentionaler »Gott« zu bezeichnen, der in Unendlichkeit etwas von dem hat, was wir Intention nennen.

Interessant ist, dass, glaubt man daran, dass Gott die unbegrenzte und unerschöpfliche Liebe ist, der Nichtglaube keiner Sanktion und Drohung unterworfen ist, weil dann objektiv gilt: Auch wenn ich nicht an Gott, nicht an einen liebenden Gott, glauben kann, so gilt trotzdem: wenn es Gott dann dennoch gibt, wird man von Gott keinen Schaden erleiden. Denn diese Unendlichkeit an Liebe und Freiheit ist weder in ihrer Existenz noch in ihrer Reichweite abhängig davon, ob ein Mensch glaubt oder nicht. Gerade der Gläubigen Glaube an einen unbegrenzt guten Gott gibt von Seiten der Gläubigen selbst die radikalste Lizenz zum Unglauben und seine Ent-Drohung.

Wenn ich die Vorstellung von einem ewigen Leben mit einer engen Erde oder auch nur einer begrenzten Welt in Verbindung bringe, dann ist dies selbstverständlich eine Horrorvorstellung, weil sich irgendwann dabei alle auf die Füße treten und dies dann im Grunde eine Hölle werden würde. Nein, wir alle müssen von dieser Erde gehen, damit die anderen leben und weiterleben können. Aber wenn ich den Begriff der Ewigkeit in die Unendlichkeit des Universums hineinprojiziere, wobei davon auszugehen ist, völlig unvorstellbar, dass es unendlich solche unendliche Universen gibt, ein Blick, der vielen, vor allem auch vielen agnostische Wissenschaftler:innen, viel Staunen und Bewunderung abnötigt, – und wenn ich wirklich von einem Gott ausgehe, der *Gott* ist, also unbegrenzt und unerschöpflich, dann sind die paar Millionen Jahre, in denen es Menschen auf der Erde gibt, wie die Anzahl aller dieser Menschen, die einmal gelebt haben und leben werden, ja wirklich nur ein Sandkorn in einem ganz anderen Universum, in dem es andere Gesetze als die des Leidens, der Unterdrückung und Gewalt gibt. Eine Vorstellung, die die Ewigkeit in der Begrenztheit dieser Erde phantasiert, lässt die Zukunft, lässt Gott nicht größer sein als unsere jetzigen Begrenzungen. Mit solcher Leugnung wird nicht *Gott* geleugnet, sondern ein Gott, dem es abgesprochen wird, über alles bisher Erlebbare hinaus in Ewigkeit unendlich ein Gott zu sein. Es wäre ein *Gott*, in dessen ewige Unmöglichkeit hinein alles möglich wäre.

Das Einzige, was absolut sicher ist, ist die Wand des Todes. An diese Mauer stoßen alle, gläubige Menschen und Nichtglaubende, religiöse und agnostische Menschen. Dies ist die entscheidende Schicksalsgemeinschaft, in der sich alle befinden. Die einen erhoffen hinter dieser Wand alles, die anderen erwarten nichts. Denn, wie der Volksmund so treffend weiß: »Es ist noch kein Mensch zurückgekommen.«

Worin sich alle treffen, ist die »kleine« Transzendenzfähigkeit. Menschliches Leben gibt es nicht ohne Unterbrechung des Gängigen, ohne Überstiege in Überwältigungen hinein, in »Transzendenz«, wie immer sie geahnt und erlebt wird. Und vielleicht ist es das und nur das, was den entscheidenden Unterschied zum noch so intelligenten Tier ausmacht. Es ist die Sehnsucht nach oder die Angst vor etwas, das uns übersteigt, das auch ohne uns existiert, dem wir uns verdanken oder dem wir schutzlos ausgesetzt sind: wie der Sternenhimmel über uns oder der bohrende Schmerz in uns. Es sind Staunen und Bewunderung der Welt, ihrer Schönheit in der Natur, Kunst und Musik, es sind die Erfahrungen der Liebe und Freundschaft, aber auch eines abgrundtiefen Entsetzens, einer Gewalt, die grenzenlose Tiefen hat, auch eines »unendlichen« Hasses und der Wut, und es ist die Erfahrung unermesslichen Leids nie aufhörender Trauer. Es sind Erfahrungen, in denen wir »abheben« in ein anderes Zeit- und Existenzgefühl hinein: per se transzendenzoffen, weil sie sich verdanken oder zugefügt sind, und weil sie in sich selbst, erlebnismäßig, so etwas wie eine Unendlichkeitstiefe haben, die unausschöpfbar ist. Haben wir es in solchen Widerfahrnissen und in den Reaktionen darauf mit einer Form von Mystik zu tun? Können es Spuren sein, und wofür, für welche fassungslosen Geheimnisse, die in der Schwebe bleiben, aber wenigstens darin einen zerbrechlichen Ausdruck finden? Wie gehen wir mit der Schwebe um, ohne das lebensnotwendige Grundvertrauen zu verlieren? Und ohne in den epistemologischen Egoismus zu fallen: Nur zulassen was vom Menschen her empirisch belegbar ist, was darüber hinaus geht, braucht man nicht zum Leben.

5.5 Um »mit ihrer neuen Situation im Leben fertig zu werden.«

Der Altmeister der Ritualforschung, Victor W. Turner (1920–1983),[214] unterscheidet drei Phasen in den Übergangsriten: die Trennungs-, die Schwellen- und die Angliederungsphase. In der Trennungsphase geht es um die relative Loslösung der Menschen auch vom Alltags- in den Symbolbereich hinein, in der Schwellenphase ereignet sich das Innehalten im Ritual selbst und in der Angliederungsphase wird der Übergang in den Alltagsbereich hinein vollzogen, nun allerdings in einer durch das Ritual hindurch neu ermöglichten, mit Kraft ausgestatteten und hoffnungsvolleren Weise.[215] Nicht dass damit die Ambiguitäten des Lebens aus dem Alltag verschwänden: sie erhalten aber in der Schwebe des Rituals einen neuen Horizont, in dem sie gestaltet, ausgehalten und bekämpft werden können. Das Ritual ist zwar in sich selber fixiert, aber als Ganzes schwebt es zwischen seiner Vorzeit und seiner Nachzeit, wie ein Luftschiff. Und als solches bildet es die Schwelle.

Das Ritual der Eheschließung (andersgeschlechtlich und gleichgeschlechtlich) beispielsweise ist zunächst symboldramatischer Ausdruck einer Lebenswende, die mit der ersten Begegnung zweier Menschen begonnen hat und nun mit der Hoffnung auf eine möglichst lange gemeinsame Zukunft in der Beziehung und in einer Familie mit Kindern verbunden wird. Doch ist das

Ritual nicht nur Ausdruck dieser Beziehungsgeschichte, sondern auch ihre Unterbrechung im Sinne des Innehaltens in dieser Beziehung, um letztere mit einer Bedeutung zu vernetzen, die nicht nur der Beziehung Ausdruck gibt, sondern ihr auch »objektiv« gegenübersteht, im Sinne einer vorgegebenen Bedeutung, die sich nicht der Beziehung selbst unmittelbar verdankt, sondern die mit einem eigenen kulturellen Apriori, mit einer tradierten sozialen Vorgabe in Erinnerung ruft, dass die Beziehung ihrerseits von einer ganz bestimmten anderen Wirklichkeit getragen ist.

Im religiösen Bereich handelt es sich dabei um die Vorgegebenheit Gottes und darin um eine ganz bestimmte Gottesbeziehung. So ist das christliche Ritual in einer besonderen Weise »liminal«, indem darin eine bestimmte Lebenswende auf die Schwelle zwischen Mensch und Gott gehoben wird. Von dieser Schwellenschwebe her gibt es dann wieder eine Rückkehr in die zwischenmenschlichen Beziehungen der beiden wie auch in ihren Beziehungen zu anderen Menschen. Dabei werden die Normen, die bisher die Beziehungen begleitet haben, überschritten oder gar aufgehoben. Für Turner bedeutet dies, dass ein solches Ritual »von der Erfahrung beispielloser Kraft begleitet ist.«[216] Theologisch geschieht dabei so etwas wie eine »Statusumkehrung«,[217] insofern die Beziehung zweier Menschen nicht mehr nur an die eigene Verantwortung und damit Leistung geknüpft wird, sondern nun auch und grundlegend an die Verantwortung Gottes für diese Verbindung.

Das Innehalten in diesem rituellen »Dazwischen« ist also ein Übergang, der eine andere Welt in die Welt der beiden einbrechen lässt,[218] das Ritual gibt einen theologischen »Metakommentar« zur Beziehung zweier Menschen.[219] Aber nicht idealistisch, sondern in einem symboldramatischen Vollzug und damit

»körperlich« erlebbar. Wer sich in dieses Ritual hineinbegibt, begibt sich in einen Schwebezustand, der Umwandlungsprozesse in Gang bringt, der den künftigen Alltag dieser Beziehung zu tragen vermag. Nimmt man die Einsicht von Turner ernst, dass in einem liminalen Ritual die Antistruktur zur gängigen Strukturierung menschlicher Institutionen einbricht, dann handelt es sich hier inhaltlich um den Gegensatz zwischen Leistung und Gnade, zwischen Machen und Empfangen, zwischen Machbarkeit und Geheimnis, zwischen Kontingenz und Unendlichkeit.

Fast könnte man diesen Schwellenzustand, dieses symboldramatisch getragene Innehalten und Atemholen in analoger Weise mit jener Passivität und Demut assoziieren, die Turner in seinen Ritualanalysen wahrnimmt, mit einer bestimmten »Nacktheit«, weil der Mensch mit keiner Leistung mehr vor Gott zu stehen hat und nichts vor ihm verstecken muss, weil er mit allem, was er ist, auch mit seinem Schattenanteil, oder wie Paulus sagt, als Sünder und Sünderin von Gott geliebt ist.[220] Es kann sich dann darin tatsächlich um eine Neuformung handeln, um eine Ausstattung mit zusätzlichen Kräften, die die Menschen in die Lage versetzen, »mit ihrer neuen Situation im Leben fertig zu werden.«[221]

Die Zuverlässigkeit der liebenden Gottesbeziehung, wie sie in der Kontinuität des Rituals zum Vorschein kommt, ist nicht von der Bedingung ihrer Verstehbarkeit und von der Bedingung der sozialen Integration in die bestehenden Kirchengestalten abhängig. Das Symbolgeschehen geht darin nicht auf, sondern ist demgegenüber eine eigene Wirklichkeit. Es geht um den wirksamen Zuspruch Gottes, dass *Gott* das Jawort trägt, dass die Eheleute ihren Bund nicht zuerst durch eigene Leistung herstellen müssen, und dass sie damit von der Angst befreit sind, sie müssten ihr Jawort durch gegenseitiges Festhalten absichern, was sie ja niemals können, weil sie ihre Zukunft nicht im Griff haben. Sie bleiben in der Erfahrung dieser Schwebe von Gott getragen.

So eröffnet sich das Ritual als Erfahrung eines Aufatmens, eines Befreitwerdens, insofern vom Ritual her der Ehebund verlässlich getragen ist.

Im Glauben daran können die Eheleute dann auch jene zu der Erfahrung des Symbols widrigen Durststrecken durchstehen, müssen nicht bei ersten Konflikten bereits auseinandergehen, sondern können, zeitweise sogar kontrafaktisch, also gegen den Augenschein, an die Wirkkraft des Symbolisierten glauben, dass sie auf einer noch tieferen Basis oder »Transzendenz«, zusammengehören, auch wenn ihnen die Erfahrung der Zusammengehörigkeit momentan nicht leichtfällt. Derart strahlt das Ritual in das Leben hinein.

Rituelle Erfahrung: vorgängig und aufhelfend
Die amerikanische Religionswissenschaftlerin Elaine Pagels hat im Zusammenhang mit dem Leid über die Krankheit und später den Tod ihres kleinen Sohnes die Liturgie der kleinen Kirche »Zur himmlischen Ruhe« in New York mit ihrem Gottesdienst und Chorgesang als »Zuflucht, einen geschützten Ort erlebt,… um einen Abgrund zu überbrücken, über den hinwegzukommen unmöglich erschienen war.« Im kultischen Geschehen hat sie neue Energie für Leben und Hoffnung gewonnen. So schreibt sie: »An meinem Standort im Hintergrund des Kirchenraums erkannte ich betroffen, dass ich es brauchte, hier zu sein. Hier, wo Weinen möglich war … wo sich Menschen unterschiedlichster Herkunft und Prägung versammelt hatten, um zu singen und

die Messe zu feiern, sich alltägliche Bedrängnisse einzugestehen und mit dem fertig zu werden, was unserer Macht entzogen ist und unser Vorstellungsvermögen übersteigt.«

Und weiter schreibt sie: »Das Drama, dass da neu vergegenwärtigt wurde, sprach meine existentielle Situation an, so wie es zu allen Zeiten Millionen angesprochen hat, weil es die Realität von Angst, Kummer und Tod eingesteht und gleichzeitig – paradoxerweise – der Hoffnung Nahrung gibt.«[222]

6. Theologische Einsichten

6.1 Tradition in der Schwebe

Analog zu Giordano Brunos Entdeckung, dass es im Universum nichts Fixes gibt, ist auch das Gottesverhältnis auf das Niveau dieser Erkenntnis zu heben (was bisher in den Religionen am wenigsten geschehen ist, es sei denn in ihren mystischen Anteilen): insofern kein Glaubenssatz, keine Dogmatik, keine »de fide« Aussage so behandelt und fixiert wird, dass sie nicht ergänzt, verändert, ihr sogar widersprochen werden könnte. Dies bedenkend benötigen wir eine ganz bestimmte, und vor allem zu bisherigen Vorstellungen alternative Sicht und Beziehung zur Tradition. Jeder Versuch, einen Text oder einen Glaubenssatz selbst als göttlich und damit als unabänderlich zu betrachten, will Fixsterne herstellen, wo es keine gibt. Nicht nur in der Unsicherheit, sondern auch gegenüber angeblich sicheren Sätzen ist Unsicherheit in Kauf zu nehmen. Alles ist und bleibt in Bewegung wie die angeblichen Fixsterne.

Es scheint so, als müsse man in den Religionen den diesseitigen Schwebecharakter aller Transzendenzaussagen durch eine umso heftigere dogmatische »absolute« Sicherheit überkompensieren. Weil alles unsicher ist, muss es umso sicherer gemacht werden. Damit einher geht die Machtformigkeit solcher Strategien nicht nur gegen das Geheimnis Gottes, sondern auch gegen Menschen, die sich dieser Sicherheit nicht beugen.

Alle religiösen Sätze und überhaupt alle Sätze befinden sich in der Schwebe, die vom Geheimnis Gottes her alles Diesseitige radikal vorläufig, unfertig und überholbar sein lässt. Im Christentum gibt es in der eigenen Dogmatik Aussagen, die diese Unverfügbarkeit Gottes gegenüber aller Wirklichkeit thematisieren.

Das Vierte Laterankonzil (1215) bringt hier die Analogieregel der größeren Unähnlichkeit: »Zwischen dem Schöpfer und dem Geschöpf kann man keine so große Ähnlichkeit feststellen, dass zwischen ihnen keine noch größere Unähnlichkeit festzuhalten wäre.« So dass also in der christlichen Wahrheitssemantik selbst der Überstieg über sie hinaus angelegt ist, indem sich hinter der Offenbarungssemantik die ganze unendliche Weite Gottes auftut, wobei erstere in ihrer Botschaft die inhaltliche Richtung dieser Unerschöpflichkeit anzeigt.[223] Das Paradoxe ist nun, dass diese Aussage auch für sie selbst gilt. Mit der Einsicht: auch dieser Lehrsatz ist Gott unähnlicher als ähnlich, was dann bedeuten kann, dass es dann doch Ähnlichkeiten gibt, die einen hohen Grad an Bedeutung für das menschliche Leben haben. Ich denke hier vor allem an die inhaltlichen Ähnlichkeiten von Liebe, Gerechtigkeit und Freiheit.

Die ganze Welt ist im Zustand des »Musing« (grübeln, träumen, sinnieren) angesichts des Deus semper maior und einer Offenbarung am Ende der Zeiten, die die Qualität der Schwebe in das unendliche Geheimnis Gottes hinein, in diese Unendlichkeit von Liebe und Freiheit hinein, nicht etwa beendet, sondern ins Unermessliche treibt. Jede Redeontologie bezüglich bestimmter Glaubensinhalte muss sich dieser Relationalität zum Mysterium stricte dictum bewusst sein.[224] Auch Glaubenssätze sind, analog zu Keats, Namen, die in Wasser geschrieben sind (3.4), auf dem Wasser der Unergründlichkeit des Universums und eines Gottes darin und darüber hinaus. »Vorrangig ist nicht ein angeblich unveränderlicher Traditionsstoff, sondern der Anruf, der hier und heute Menschen existentiell ergreifen will.«[225] Eine der schlimmsten Ideologien, denen Religionen und Kirchen verfallen sein können, ist die Ideologie, in Bezug auf die eigenen Traditionen die Gegenwart widerspruchsfrei gestalten zu müssen. Denn damit wird die Gegenwart verspielt und die innere Struktur der Bibel selbst konterkariert, die wahrhaftig nicht durch Widerspruchsfreiheit charakterisiert ist.

Die Bibel ist anzusehen als die Offenbarung der Treue Gottes zu seiner Schöpfung und darin zu den Menschen. Und dies im Wandel der Zeiten unterschiedlicher Situationen *und* unterschiedlicher Kompromisse mit den Texten bzw. mit dem je Besseren der inhaltlichen Spitzentexte (inhaltlich aus der Perspektive je größerer Gnade, Barmherzigkeit und Gerechtigkeit). Der einzig »feste Ort«, der die biblischen Texte trägt, ist Gottes Verheißungstreue, die aber nur in der Schwebe des Vertrauens erlebt werden kann. Denn die geglaubte und erhoffte Gottesbeziehung, die sich in den biblischen Texten in unterschiedlichen und inhaltlich gegensätzlichen Texten ausdrückt, ist eine offene Beziehung, offen vor allem darin, dass sie mit keinem Wenndann festgemacht werden kann. Man kann sie nicht im Griff haben. Sie hat absolute Selbstwertigkeit und darf für nichts instrumentalisiert werden. Sie hängt in der »Luft« eines offenen Vertrauens, das sich nirgendwo anders festmacht als im Vertrauen selbst: das kein Fixstern ist, sondern eine immer wieder neu zu entdeckende Lebensweise.

Gottes Repräsentanzen fix haben zu wollen, meistens verbunden damit, Menschen, die sich in diese Fixheit nicht hineinbegeben, auszugrenzen, nicht selten bis zu deren diesseitigem und jenseitigem Heilsverlust, entpuppt sich als eine Machtbesessenheit Gott und den Menschen gegenüber. Gottes Vergegenwärtigungsformen sind vorübergehend haltgebend und dürfen es sein im Horizont einer Gottheit, die diesen Halt gibt und auch wieder für andere »Halte« öffnen kann.

Im Tod schwindet alles. Gerät der Mensch in die letzte und von dieser Seite her endgültige Schwebe der Haltlosigkeit? Wäre dies der Himmel? Die radikale Offenheit für das, was theologisch Gnade heißt? Sich endlich loszumachen und losgelöst zu werden von allen Halterungen, die dann nicht mehr notwendig sind? Öffnet sich »dahinter« ein neues Universum, in dem Schwebe und Gnade identisch sind? In dem es keinen Egoismus mehr gibt, weil er in diesem Universum völlig deplatziert wäre?

Hier kommt man nur mit dem Paradoxon weiter: Es ist eine »Sicherheit« in der Unsicherheit des Vertrauens auf die Treue eines Gottes, auch kontrafaktisch zu den Nichterfahrungen seiner Gnade. Das Paradoxon eines solchen »schwebenden« Vertrauens ist zutiefst verbunden und ermöglicht durch die Doxologie (7.2), nämlich Gott über alles Festhaltenwollen hinweg, Gott sein zu lassen, und das heißt unendliches Geheimnis, in dem die Existenz von Mensch und Universum in der Schwebe unendlicher Unergründlichkeit (einschließlich der Unergründlichkeit dieser Hoffnung) sich befindet. Diese Paradoxie zeigt sich auch im biblisch-hebräischen Begriff des Vertrauens und Glaubens, nämlich *batah*, sich festmachen in Gott. Das sich Festmachen findet innerhalb einer Beziehung statt, in der der »Haken«, an dem man sich festmacht, selber in der Schwebe des Geheimnisses Gottes, seiner Verheißungen und seiner Treue ist. Das sich Festmachen hängt in der »Luft« einer Schwebe, die ins unendlich Überraschende, Unmögliche und Unendliche reicht. »Wenn der Mensch seinen Grund wahrnimmt, begreift er, dass er schwebt.« (3.3)[226] Oder mit Marco Balzano: »Doch der Gedanke an Gott war schon immer zu schwierig, wenn er mir in den Sinn kam, verirrte ich mich darin.«[227]

6.2 Offen für ein Drittes

Die Schwebe ist immer auch offen für ein Drittes, etwas, was bisherige Gegensätze überwindet, nicht im binären Entweder-oder zuhause ist, denn jedes Entweder-oder schafft für eine Seite Nachteile, wenn dieses Oder ausgegrenzt und degradiert wird. Leben in der Schwebe ist schwierig, nervig und wunderbar. Schwebe unterbricht und verlangsamt, lässt festen Boden wieder neu erfahren. Im Denken kennen wir die Schwebeargumentation: alles hat zwei Seiten, audiatur et altera pars, man darf sich nicht auf der einen Seite zu sehr festmachen, und muss die andere Seite hören, so dass man zunächst vor einer Entscheidung in die Schwebe zwischen Ja und Nein kommt. Ohne das Aushalten dieser Schwebe gibt es kein verantwortbares Urteil.

In der Schwebe des Sowohl-als auch, gegen das Entweder-oder binärer Positionen und Entscheidungen erfährt der Mensch das Aushalten von Nichtentschiedenem, Ungewissem, noch Offenem. Schweben ist damit ein entscheidendes Gegenprogramm zu den Algorithmen, in denen es nur die Ja-nein-Logik gibt. Künstliche Intelligenz kann nicht schweben, es sei denn die Schwebe selbst ist in Algorithmen hineingezwungen. Künstliche Intelligenz ist ambivalenzfeindlich, weil sie immer zum »Punkt« kommen muss. Das Nichtentscheiden-Müssen, das Hin und her-Überlegen kann künstliche Intelligenz nicht realisieren, weil sie auf die Schnelligkeit binärer Entscheidungen festgelegt ist.[228] Musing, nachdenklich, grübelnd, sinn(ier)end, träumend, ist ein kreatives Innehalten, um aus der Ferne, aus dem Dunkel, oder wie immer man diese unbekannte Region symbolisieren will, Ideen, Vorstellungen und Fantasien kommen zu lassen.

Dazu brauchen Menschen Zeit, maschineller Zwang zerstört alles. Schwebe ist per se undualistisch.

Die Dichterin Christa Wolf lässt in »Kein Ort. Nirgends« Heinrich von Kleist eine ähnliche Einsicht aussprechen, die durch und durch antisystemisch ist, denn in jedem System braucht es Entweder-oder-Entscheidungen. Auch darin zeigt sich Christa Wolfs subversive Kritik des Systems, in dem sie lebt, in der DDR, wo das Individuelle, das immer zueinander different und irgendwie auch in der Luft hängt, entsprechend zurechtgezwungen wird. »Kleist sieht plötzlich, ... was ihn immer unterlegen, den anderen immer unanfechtbar machen wird. Ich kann die Welt in gut und böse nicht teilen; in zwei Zweige der Vernunft, in gesund und krank. Wenn ich die Welt teilen wollte, müsste ich die Axt an mich selber legen, mein Inneres spalten, dem angeekelten Publikum die beiden Hälften hinhalten, dass es Grund hat, die Nase zu rümpfen: Wo bleibt die Reinlichkeit. Ja, unrein ist, was ich vorzuweisen habe. Nicht zum Reinbeißen und Runterschlucken. Zum Weglaufen, ...«[229] Und die Günderrode antwortet, »dass wir dem Zwang, dem wir unterstellt sind, in Gedanken wenigstens zu entfliehen trachten. In der Wirklichkeit ist es uns nicht erlaubt.«[230] So dass »jeder Traum, ehe er noch entstand, an seiner Unerfüllbarkeit zugrunde ging.«[231] Derart wird für Kleist das »Leben ... immer verwickelter und das Vertrauen immer schwerer.«[232]

Wo Menschen in verschiedener Hinsicht das Schweben lernen, verlernen sie die harten und oft katastrophalen Dualismen, mit den Möglichkeiten der Überbrückung (durch Vergebung, Barmherzigkeit, Mitgefühl, theologisch: Gnade). Dann werden keine identitären Bilder vom »wir« entworfen, die einerseits mit Macht integrieren wollen, andererseits mit Gewalt ausschließen wollen. Die alte Formel des Doch-schon und Noch-nicht, die insbesondere in einer präsentischen Eschatologie diese Schwebe bezeichnet, trifft hier voll ins Schwarze.

Dem Katholizismus wird nachgesagt, dass er eher in der Sowohl-als auch-Vorstellung beheimatet sei als in der Entweder-oder-Entscheidung. Für eine Menge von Entweder-oder-Entscheidungen gilt dies natürlich nicht. Vor allem in Auseinandersetzungen mit angeblich ketzerischen Personen und Bewegungen durch die ganze Kirchengeschichte hindurch wurde immer wieder vorschnell entschieden, ungerecht gehandelt, ausgeschlossen und getötet.

Dennoch ist etwas dran an diesen »Et-et«- gegenüber »Solo«-Perspektiven: gegenüber der protestantischen Entscheidung, dass nur die Schrift und nicht auch die Tradition offenbarungsrelevant sei, dass nur die Offenbarung und nicht auch die Vernunft, nur die Gnade und nicht auch die Natur gottherkünftig seien, behauptet die katholische Dogmatik deren Sowohl als auch, wenn auch nicht mit dem gleichen Gewicht der jeweils zweiten Positionen gegenüber den ersten. Aber immerhin! Jedenfalls zeichnet sich hier eine Befreiung vom Festlegungsdilemma ab, mit der Möglichkeit, solange wie möglich die Schwebe zwischen beiden Polen, die in Spannung zueinander stehen, auszuhalten und damit die Erlebnis- und Lebensmöglichkeiten zwischen diesen Polen nicht zu zerstören.

Dabei handelt es sich nicht um Synthesen, sondern um den Bezug zweier Gegensätze auf *eine* Wirklichkeit. Selbstverständlich benötigt man auch das Entweder-oder vor allem im Zusammenhang der Selbsterhaltung und der Solidarität mit anderen, im Zusammenhang der Ablehnung und Bekämpfung von Leidzufügung und derer, die Leid zufügen. Aber genauso überlebenswichtig ist die andere Reaktionsweise: nämlich möglichst lang miteinander und mit bestehenden Gegensätzen umzugehen und darin zu neuen gegenseitigen Einstellungen zu kommen, in denen sich das Entweder-oder auflöst. Die Begegnung Jesu mit der Sünderin macht dies eindrucksvoll deutlich (Joh 8,1–10). Auch die Bibel hat beide Anteile: Entweder-oder-Geschichten mit ihren großen Ambivalenzen, aber auch Sowohl-als auch-Geschichten, in denen Gegensätze auf eine Wirklichkeit zugeführt werden, die sie, ohne die Gegensätze zu schmälern, miteinander in Verbindung bringen. Diese Dimension wird übrigens nicht selten mit dem Gottesbezug verbunden.[233]

Der Münsteraner Philosoph Klaus Müller hat in seinem Essay »Plädoyer für das Sowohl-als auch«[234] mit Bezug auf den Monotheismusdiskurs, wie ihn Jan Assmann entscheidend angeregt hatte, verdeutlicht, dass der Monotheismus seine Ambivalenz umso mehr verliert, als man mit seinen Texten so umgeht, »als ob sie wahr seien, ohne dass der fiktional-performativ-poetische Charakter sie deswegen wahrheitsunfähig machte.« Diese Einstellung zerbricht Siegerdiskurse im interreligiösen oder interkonfessionellen Bereich (und überhaupt) und gibt der anderen Seite die Möglichkeit, sich in diese Schwebe der Wahrheit hineinzubegeben, auf dem Hintergrund der Einsicht, dass absolute Wahrheit abzugeben ist an eine Transzendenz, der sich alles, so unwahrscheinlich dies klingen mag und so unvorstellbar dies sein mag, verdankt. Dieser »Tiefenstrom« (Müller) des Glaubens und der Hoffnung auf eine solche Unverfügbarkeit trägt eine Selbstrelativierung. die offene Felder lässt und keine Schlachtfelder benötigt. Assmann formuliert: »Es geht vielmehr darum, *sowohl* die eigene Religion zu praktizieren, *als auch* die anderen Religionen in ihrem je eigenen Wahrheitsbezug anzuerkennen und zu respektieren.«[235]

Nach Müller ist das Et-et »gerade für die christliche Tradition in ihrer katholischen Ausformung seit je und bis heute nichts

Fremdes.«[236] Das Sowohl-als auch ist so etwas, wie zwischen den Polen des Entweder-oders Zeit und Leben zu pumpen, um Luft, Kreativität und Dialogizität dafür zu gewinnen, diese Auseinandersetzung nicht mit Gewalt lösen zu müssen. Sören Kirkegaard ist hier unübertroffen: »Ich habe nur einen Grundsatz, und von dem gehe ich nicht einmal aus.«[237]

Entgegen den meisten Auskünften der Religionswissenschaften ist das Christentum *letztlich* keine dualistische Religion. Sie markiert zwar scharf die Gegensätze zwischen gut und bös, umfasst diese aber, in der weitergehenden Liebe Gottes auch den Sündern und Sünderinnen gegenüber, in einer Weise, dass die Liebe nie zurückgezogen wird, dass aber auch die Gegensätze gerade deswegen niemals verkleinert werden können: denn Leidzufügung ist und bleibt Leidzufügung und kann ohne responsorische Erfahrung auf der Seite derer, die Leid zugefügt haben, nicht »bewältigt« werden. Diese Erfahrung hängt in der schmerzlichen Schwebe zwischen Schuld und Genugtuung. Vielleicht sogar »ewig«, was immer dies dann im künftigen Sein bedeutet.

Das Dogma der Hölle markiert zwar den scharfen Dualismus zwischen gut und böse, zwischen Leiderfahrung und Leidzufügung. Aber man müsste den Gottesbegriff aufgeben, müsste man sagen, dass seine Liebesmacht nicht dazu reichte, auch den äußersten Gegensatz zu sich selber in einer für uns unvorstellbaren Kombination von Freiheit und Liebe, von Erinnerung und Schmerz zu umfangen, wenngleich das Wort Umfangen völlig falsch ist, weil darin die Gegensätzlichkeit nicht mehr scharf genug gesehen wird. Für den Menschen scheint es kalkulativ sortierter auszuschauen, wenn das abgrundtief Böse tatsächlich außerhalb Gottes zugrunde geht, und es ist bedeutend schwieriger zu denken und zu hoffen, dass dies nicht der Fall ist. Auch hier werden wir wohl keine Endgültigkeiten vertreten können, sondern auch hier gehen wir eher in die Schwebe zwischen Nichtausdenken-Können und Hoffnung. Um der Gnade willen ist jeder ausgrenzende Dualismus in die Schwebe zu bringen.

6.3 Risiko der freien Rede

Ich möchte in diesem Zusammenhang zur freien Rede in der Predigt ermutigen, nicht nur aus erfolgsbezogenen, sondern auch aus theologischen, näherhin pneumatologischen Gründen.[238] Ich meine nicht eine freie Rede, die hemdsärmelig durch diejenigen daherkommt, die angeblich reden können und sich deshalb nicht mehr richtig vorbereiten. Dies wäre ein schlimmes Missverständnis. Zwischen freier Rede und freier Rede ist ein Unterschied, und der liegt in der gründlichen und mühsamen Vorbereitung. Fast möchte ich sagen: Wer locker frei reden kann, tut sich in *dieser* freien Rede schwer. Für Geschwätzigkeit erfolgt hier kein Plädoyer. Freie Rede und Redeaskese bedingen sich gegenseitig.[239]

Theologisch wichtig ist die freie Rede, weil die Predigt ein Vorgang der primären Verkündigung ist, die nach Ansicht der christlichen Kirchen eine besondere pneumatologische Bedeutung hat, und zwar insbesondere *in actu* ihrer selbst und dazu noch im Vollzug des Gottesdienstes. Die Geistes-Gegenwärtigkeit dieses Vorgangs lebt von dem Geist, der willkürlich in der Vorbereitung investiert wurde, aber sie lebt auch von dem Geist, der sich unwillkürlich einstellt. Jedenfalls darf der Vollzug nicht durch die totale Fixierung auf Vorbereitetes so zugestellt werden, dass der aktuelle Geist Gottes keine Chance mehr bekommt zu »landen«, das Vorbereitete zu unterbrechen, umzuändern (weil es jetzt gerade so nicht gesagt werden kann), wegzulassen (weil es auf einmal zu schal klingt) und Neues zuzugeben (das gerade jetzt einfällt[240]). Die Predigt kommt ins Schleudern, verliert ihren festen Tritt und erreicht einen Schwebezustand besonderer Art: sie hält inne und fängt ein neues Suchen an.

Wer sich solchen potentiellen Unterbrechungen nicht aussetzt, wer nur das bringt, was er gedacht *hat*, und an dieser Konserve nicht rütteln lässt, weil er es schwarz auf weiß mitbringt, entzieht dem Predigtakt das Leben im Vollzug. Predigen aber ist etwas anderes, ist letztlich die Öffnung von Prediger bzw. Predigerin und Gemeinde für den Geist Gottes in ihrer aktuellen Mitte. Predigen gibt noch im Reden das Hören nicht auf, von dem bekanntlich der Glaube kommt. Erst dann ist die Predigt »viva vox evangelii«.[241] Den Predigteinfall gibt es nicht nur in der Vorbereitung, sondern auch in der Rede selbst.

Im Grund ist dies ein Glaubensproblem, wenn die Angst vor der Gemeinde und um die eigene unbefleckte Selbstdarstellung größer ist als das Gottvertrauen. Wer sagt denn, ob nicht gerade ein äußerliches »Scheitern« in einer Predigt (indem man einen Blackout hat, indem ganze Passagen nicht mehr einfallen, indem man das Stottern anfängt) gerade darin von hoher Verkündigungsqualität sein kann.[242] Und wenn man eine Passage vergisst, die einem wichtig gewesen wäre, dann wird dies zur Verzichtsschule, dass gerade das offensichtlich nicht so wichtig ist, denn irgendwie hat man es nicht ohne Grund vergessen.[243]

Wie hatte Jesus gesagt? »... macht euch nicht im Voraus Sorgen, was ihr sagen sollt; sondern was euch in jener Stunde eingegeben wird, das sagt! Denn nicht ihr werdet dann reden, sondern der Heilige Geist« (Mk 13,11). Jede Predigt ist ein solcher Ernstfall des Zeugnisses, zwar nicht auf so dramatische Weise wie hier in der markinischen Endzeitrede Jesu. Es gilt, sich auch im Predigtprozess letztlich, nach aller Vorbereitung, in Gottes geheimnisvolle und überraschende Hand fallen zu lassen. Jeremia hält sich für viel zu schlecht, als dass er die Botschaft Jahwes verkünden könnte. Und dann kann er es doch im Vertrauen auf Gott, der ihn begleitet und trägt (vgl. Jer 1,1–18).

Man kann nicht so tun, als könnte man den Geist Gottes auch nur für einen Augenblick festnageln und aus dem Fluss des Lebens heraushalten. Ich spreche hier nicht ein Wort für glossolalische oder charismatisierende Geschwätzigkeit, als sei nur das Aufsehenerregende und Spontane geistvoll. Es geht auch nicht um jene Einstellung, nichts mehr zur Vorbereitung zu tun, weil Gott schon alles eingibt. Gottes Geist bricht durch in der oft mühevollen Vorbereitungsarbeit, in den gediegenen Worten, die man gefunden hat, *und* in der Unterbrechung und der Überraschung, die uns manche Worte plötzlich aus dem Mund schlagen – entweder ersatzlos oder mit neuen Einfällen.

6.4 Synode in der Schwebe?

Was hinsichtlich der Schwebe in jeder guten Begegnung (4.2) und hinsichtlich des Verhältnisses zur Tradition (6.1) gesagt wurde, gilt auch für die synodalen Versuche der Kirchen, vor allem der katholischen Kirche.

Ein Tiger wird zum Teppichvorleger, so ähnlich war es in der Süddeutschen nach der letzten Sitzung des Synodalen Weges zu lesen.[244] Und der, möchte ich ergänzen, wird in Rom auch noch zerrissen werden. Vor allem die Forderung nach dem Diakonat der Frau kann nur auf einen abgestuften Titel außerhalb des Weiheamtes hoffen.

Damit ist auch hinsichtlich der Weltsynode[245] zu rechnen. Ein Wunder wäre es, käme es anders. Auf dem Zweiten Vatikanum gab es dieses Wunder: im Innehalten, im Aussetzen der vorgegebenen Geschäftsordnung, in ihrem Umbruch von der Zustimmung zu von der Kurie vorgelegten Texten zum strittigen Diskurs der Themen, wenigstens auf der Ebene der versammelten Bischöfe.[246] Und aus einem dogmatistisch apologetisch geplanten Konzil wurde (unter dem maßgeblichen Einfluss von Julius Kardinal Döpfner) ein pastorales Konzil, auf dem die Ängste und Sorgen der Gläubigen (wenigstens durch die versammelten Bischöfe) ernst genommen wurden. Ohne das Risiko der unsicheren Schwebe zwischen alter und neuer Geschäftsordnung wäre die Veränderung nicht möglich gewesen.

Dass der Vatikan, nachdem es seit Jahren in verschiedenen Ländern und Erdteilen auch mit lokalen synodalen Ereignissen »von unten« gärt, nun seinerseits eine Weltsynode von oben nach unten inszeniert, könnte man als machtpolitischen Trick ansehen, all diese Bewegungen von unten nun durch entsprechende Regelungen von oben her in den Griff zu bekommen und zu kontrollieren, gewissermaßen die alte »Geschäftsordnung« durchzusetzen. Und hoffentlich gibt es nicht die Absicht, die Gläubigen weltweit mit intensiven Gesprächen zu beschäftigen, um am Ende dann doch beim Alten zu bleiben. Die Menschen lassen sich solche verordneten Beschäftigungstherapien nicht mehr gefallen.

Auch wenn man historische Ereignisse nicht leicht mit gegenwärtigen Ereignissen vergleichen kann, drängen sich doch immer wieder, wenn auch mit Vorsicht, Vergleiche auf. Denn wenn man gar nicht vergleicht, dann gibt es keinen Erkenntnisgewinn. Und so stehen wir wieder einmal am Scheideweg: Ordnen sich die synodalen Prozesse den vorgegebenen Planungen und inhaltlichen Vorlagen des Vatikans unter oder gibt es, wie damals auf dem Konzil, eine pastorale Wende, nämlich dass die Sorgen und die Freuden der Menschen in den Ländern und Erdteilen und auch ihre Ideen und Wünsche ernst genommen werden und den Diskurs und seine Ergebnisse bestimmen, mit der ernsthaften Motivation auf Seiten der in Rom herrschenden Diener der Kirche, sich ihrerseits über bisherige Schmerzgrenzen hinweg bestimmen und umstimmen zu lassen.

Die angesprochene Änderung der Geschäftsordnung zu Anfang des II. Vatikanums würde heute noch tiefer reichen, nämlich in die Änderung der bisherigen linearen Traditionshermeneutik bis zum Widerspruchsrecht gegen bisherige dogmatische Festlegungen. Bis hin zur Entthronung angeblicher »sicherer« Glaubenssätze, wie des Verbots der Frauenordination.

Wenn ich hier auch das II. Vatikanum als eine parallele Möglichkeit aufrufe, in die Zukunft zu schauen, denke ich auch an die fast übergewichtige Betonung des Bischofsamtes und der Gemeinschaft der Bischöfe für die katholische Kirche. Weltkirchlich ernst genommen würde das für künftige Entscheidungen bedeuten: dass Rom viele Entscheidungen auf die Ebene der Bischöfe und Bischofskonferenzen verlagert und für dort freigibt, und zwar verachtungs- und sanktionsfrei!

Gelänge dies, bräuchten wir kein drittes Konzil, sondern dieser Prozess wäre selbst das dritte Konzil auf nicht mehr nur bischöflicher und klerikaler Basis, sondern unter Beteiligung möglichst vieler Menschen in den Erdteil- und Länderkirchen. Aber so, dass diese ihre Beschlüsse selbst in Kraft setzten und damit das Lehramt der Kirche auf eine breitere Basis als bisher brächten. Der Vatikan muss endlich lernen, seine sozialtechnologische Ideologie, als könnte man von einer Zentrale vieles Verschiedene und Gegensätzliche auf der ganzen Welt verwalten und kontrollieren, endlich aufzugeben. Rom steht dann für die Einheit von Liebe und Freiheit und nicht für die Einheit von behaupteter Liebe und Klammerung, wobei letztere die erstere zerstört.

Dann gäbe es Landeskirchen, in denen das Junktim von Zölibat und priesterlichem Amt abgeschafft wird. Es kann aber auch Landeskirchen geben, in denen aufgrund der kulturellen Verhältnisse das nicht so schnell geht und mit Vorsicht anzugehen wäre. Ähnliches gilt für die Aufnahme von Frauen ins priesterliche Amt. Und in manchen Kulturen und staatlichen Gesetzesvoraussetzungen wäre die offizielle Segnung homosexueller Paare ein strafrechtlich verfolgbarer krimineller Akt. Hier müssten die Verantwortlichen vor Ort entscheiden, wie sie mit ihren Verhältnissen umgehen: zwischen prophetischer Kritik und notwendiger Anpassung, um sich und andere zu schützen. Diese Feinheiten zwischen den Regionen können immer nur vor Ort wahrgenommen und entschieden werden.

Die angedeutete Wende ist aber schwierig, und zwar aus biografisch-psychologischen Gründen: denn die jetzt lebenden Bischöfe sind aufgrund ihrer zentralistischen Unterordnungspsychologie gegenüber Rom nicht leicht fähig, dieses theologische Selbstbewusstsein psychisch aufzubringen, und entsprechende »Schwebeerfahrungen« auszuhalten.

Man wird also genau hinschauen müssen, wie sich der Vatikan diese Weltsynode vorstellt, und mit welchen Instrumenten er diesen Weg motiviert und in seine Bahnen bringen will oder ob er die Bahnen ins Weite laufen lässt, im Vertrauen auf den Geist, der in den Gemeinden lebt (vgl. Offb 2,7). Auf dieser Ebene der nationalen bzw. kontinentalen Bischofskonferenzen werden dann auch traditionelle Lehrmeinungen, die bisher vom Vatikan aus beherrschend waren, abzugeben sein, wie etwa die

Frage nach der Frauenordination. Oder die Frage nach der auch queeren Diversität der Geschlechter und ihrer pastoralen und liturgischen Würdigung.

6.5 Das Sicherere im Wagnis

Wo es not tut, steht eine Unterbrechung des Bisherigen ins Haus. Die Lebenden sind nicht Dienerinnen und »Diener einer unqualifiziert übernommenen Vergangenheit.«[247] Sie machen sonst die gegenwärtige Pastoral, ihre Brucherfahrungen und Desiderate zu Sklaven einer historischen Kontinuitätsideologie.[248]

Für die Spannung zwischen Tradition und Pastoral (als praxisbezogene Wahrnehmung neuer Zeichen der Zeit) steht zum Beispiel Paulus selbst gegenüber dem »alten« Zwölferkreis der Apostel: Paulus bezeichnet sich in 1 Kor 15,8 als Missgeburt unter den Aposteln, besteht aber gleichwohl mit starkem Selbstbewusstsein darauf, Apostel zu sein! Paulus muss um die Anerkennung kämpfen, und er tut dies um der Menschen willen (hier vor allem, dass alle Menschen ohne Bedingungen das Sakrament der Taufe empfangen können).

Karl Rahner hat einmal vom »Tutiorismus (das Sicherere) des Wagnisses« gesprochen und versteht unter diesem Paradox den Mut, auf dem Weg zum Neuen und Unerprobten bis zur äußersten Grenze zu gehen, bis dorthin, wo noch nicht sichtbar ist, wie etwas über die jetzige christliche Lehre oder das jetzige christliche Gewissen hinaus geht, aber um der Zukunft willen bitter notwendig ist.[249] Es handelt sich also genau um das Gegenteil des Tutiorismus, in dem von zwei Möglichkeiten die sicherere zu wählen ist. Beim Tutiorismus des Wagnisses geht es darum, die gewohnten Wege zu verlassen und das Äußerste zu wagen. Dies sind ermutigende Worte gerade für diejenigen, die es im katholischen Bereich tatsächlich für das Äußerste halten, über die Grenze des bisherig Gültigen hinausgehend, wenn Frauen ordiniert werden.[250]

Das Zweite Vatikanische Konzil ist deswegen als ein pastorales zu charakterisieren, weil es dem eigenen ungeplanten Ereignis und der je gegenwärtigen Pastoral die gleiche theologische Würde zuweist wie der Tradition, die ja ihrerseits die geschichtlich gewordene Pastoral durch die Jahrhunderte hindurch darstellt. Es gibt also Erfahrungen in der Pastoral, die eine dogmatische Bedeutung gegenüber der Tradition gewinnen und die Kontinuität der Verkündigung des Evangeliums dadurch gewährleisten, dass sie im partiellen Widerspruch zur Tradition (und nicht in totalitärer Übereinstimmung) gegenwärtige Glaubensentscheidungen trifft.

Es war aber schon immer so, dass die Pastoral Neues bringt, um dem Alten neue Geltung zu verschaffen: So gibt es im Neuen Testament zwar die Handauflegung, aber kein sacerdotal-sakramentales Amt: Und wir haben in der Kirche ein solches Amt! Und so gibt es in der Tradition kaum die Frauenordination (es sei denn man berücksichtigt die historischen Forschungsergebnisse der ersten Jahrhunderte vor allem hinsichtlich weiblicher Vorstände in Hauskirchen und der Diakoninnen, vereinzelt auch mit Eucharistievorsitz, und die Geschichte der Ökumene in den letzten Jahrzehnten): Aber die protestantischen und anglikanischen Kirchen haben sie. Emmanuel Lévinas[251] beobachtet sehr gut, wenn er die Grundfigur der biblischen Offenbarung in Abraham sieht, der auf Gottes Wort hin in die Zukunft geht und nicht zur Heimat zurückkehrt, wie etwa die Grundfigur der griechischen Mythologie, Odysseus.

Wer die Kraft nähren will, »neue Formen der Erhebung, der Liebe, der Anbetung zu geben, neue Symbole aufzurichten«, kann nicht »allzu warm im Gewesenen« verweilen und nicht nur »allzu genau das Ehemalige« kennen.[252] Ansonsten müsste man mit Hermann Hesse von einem solchen Menschen sagen: »Seine Liebe war an Bilder gebunden, die die Erde schon gesehen hatte, und dabei wusste er im Innersten selber wohl, dass das Neue neu und anders sein, dass es aus frischem Boden quellen und nicht aus Sammlungen und Bibliotheken geschöpft werden musste.« Derart kann den Menschen nicht das »Unerhörte« gegeben werden.[253]

7. Spiritualität

7.1 »Diese göttliche Nutzlosigkeit der Liebe«

Ich habe einmal geträumt, dass ich sterbe und tief in einen schwarzen Abgrund hinunterschwebe. Ich bin aufgewacht und habe mich gefragt: bleibt alles schwarz und ist damit alles zu Ende, oder gibt es am Ende des Abgrunds eine helle Öffnung in ein neues Leben hinein? Etwa wie bei der Geburt? Ich weiß es nicht. Wir können es nicht wissen. Die Grenze des Todes ist total wie totaler nichts sein kann. »Da ist noch keiner bzw. keine zurückgekommen«, sagt der Volksmund. Alles was vorher über das Nachher des Todes gedacht, erhofft und phantasiert wird, zerschellt an der Todesgrenze selbst. Der Abgrund zwischen Karfreitag und Ostern ist *unendlich* tief. Da helfen keine Beschwichtigungen, der Tod sei ja nur ein Übergang oder es gebe ein Organ, das den Tod überleben könne.

Wie nutzbringend ist dann die Phantasie darüber hinaus? Oder ist das die falsche Frage? Karl Rahner macht in seiner Theologie des Geheimnisses Gottes in einer beeindruckenden Weise deutlich: »Das Christentum gäbe sich selber auf, wenn es nicht den Mut hätte, von dieser seligen Nutzlosigkeit der Liebe zu künden, die insofern ja absolut ›nutzlos‹ ist, weil sie ja gar nicht sie selber wäre, wenn der Mensch darin seinen eigenen Nutzen, seine Selbstbehauptung, seine eigene Vollendung suchen würde. Diese göttliche Nutzlosigkeit der Liebe zu Gott, ihre Unverbrauchbarkeit, die Rückweglosigkeit der von Gott in seinem Geist ermöglichten Radikalität unserer Transzendenz auf Gott müssen das Christentum und seine Kirchen ... verkündigen.«[254]

Die Vernutzung, meist Moralisierung Gottes (mit entsprechenden Lohn- und Strafvorstellungen) erweist sich von daher als völlig unreife Überbrückung der Transzendenzgrenze, die das unendliche Geheimnis »Gottes« banalisiert wie die im Geheimnis ermöglichte Freiheits- und Liebesgeschichte. In der Sprache der Entwicklungspsychologie ist die Entkoppelung der Transzendenzbeziehung von der Wenn-Dann-Kategorie des Einhaltens von Verboten und Geboten ein enormer Fortschritt in Richtung »Reife« von Religion. Es gibt solche Prozesse in den Religionen, vor allem wo sie sich inhaltlich auf die je größere Gnade und Barmherzigkeit Gottes hin öffnen, die alle Wenn-Dann-Strukturen überholt. Besser ist eine Transendenzbeziehung in der Schwebe, als dass sie an Bedingungen gebunden wird. Gott muss mir nicht nutzbar sein, um existieren zu dürfen.

7.2 »Gott ist größer als der Mensch«

Im Lob Gottes reicht die relative Eindeutigkeit des »guten« Gottes, der in der Bibel offenbart wird, in sein Geheimnis, nämlich dass es kein Geheimnis des Bösen ist, sondern ein Geheimnis der unendlichen Versöhnung und Liebe. Das unendliche Geheimnis Gottes ist keine Black Box, sondern eine White Box. Die Richtung dieses Geheimnisses wird in der religiösen Offenbarung offenbart (das war notwendig, weil die Informationen der menschlichen Erfahrung mehrdeutig sind und eher zu der Annahme führen könnten und tun, dass Gott selbst Satan, der Zerstörer und der Böse ist): nämlich, dass es ein Gott ist, der durch die schlimmsten Erfahrungen hindurch, und wenn auch nur »am Ende«, die Menschen rettet.

Paradoxerweise ist es um der Gegenwart willen hilfreich, ein »Konzept« dieses »Jenseits« zu entwickeln. Doxologie ist ihre gebeterfüllte Ausführung dieser Paradoxie. Darin werden die eigene Identität und Offenbarung mit dem geheimnisvollen, verborgenen und unendlichen Gott in Verbindung gebracht. Nichts von dieser Welt soll vergöttert und absolut gesetzt werden, auch nicht die Offenbarungsbücher. Gott allein ist »absolut« (vgl. Gen 20,2–3). Der/die Gläubige sieht von sich ab, lobt nicht sich und eigene Einsichten, sondern begibt sich in die Schwebe, Gott die Ehre zu geben, in die Schwebe zwischen sich und dem Geheimnis.

Die Doxologie preist die biblische Offenbarung als die authentische Botschaft eines Gottes, der in allen Welten und darüber hinaus unendlich mehr ist als das, was uns in darin gegeben wird. So paradox es klingt, in den symbolischen Formen (Gesang, Musik, Ritual, Meditation) des Lobpreises Gottes erstrecken wir uns auf die Nichtbenennung Gottes, auf seine radikale Transzendenz gegenüber der Menschheit und der Welt, wir feiern in gewisser Weise die »Kategorie« seiner Nichtkategorialität. Dies löst das Eindeutigkeitsprofil der Offenbarung nicht auf, aber die Gläubigen werden daran erinnert und können in der Doxologie daran erinnert werden, dass man auch mit der Offenbarung Gott niemals »unter Kontrolle« haben kann, ohne Wenn-Dann, auch nicht in den subtilsten Formen intellektuell-theologischer Überlegungen und auch nicht in den subtilsten Formen der Spiritualität. Letztlich soll ihm alles übergeben werden, wie sowieso alles im Tod übergeben werden soll. Aus dieser Perspektive ist das Sterben in seiner radikalsten Erfahrung der menschlichen Ohnmacht gleichzeitig die schärfste »Begehung« doxologischer Hingabe.

Die Haltung, die Gott im Geheimnis lässt, entspricht der negativen Theologie als »docta ignorantia«, als erlernte und gelehrte »Unwissenheit«. In der Doxologie wird letztere geistlich ausgeführt, als gebetete Unwissenheit, deren Negativität auf ihrer Rückseite den Raum des unendlichen Gottes öffnet. Denn nicht nur das theologische Denken, sondern auch das Beten kann immer versucht sein, das »positive« Wissen über den Glauben, das in der Offenbarung als Zugang zum Geheimnis Gottes gegeben wird, positivistisch zu verstehen. Der schärfste Kontrast zum religiösen Fundamentalismus jeglicher Art ist die Doxologie.

Doxologische Grundlagen der Religionen

In ihrem Glauben gehen die Religionen davon aus, dass »Gott größer ist als der Mensch«,[255] dass er ein unendliches Geheimnis für Menschen ist, zu dem die Menschen keinen Zugang haben, weder magisch noch rational. Selbst in seinen Offenbarungen bleibt Gott dieses Geheimnis weit und unendlich über das hinaus, was in der Tora, der Bibel oder dem Koran offenbart wurde. Schon in der Tradition ist Gott unbegreiflich, unbeschrieben, unermesslich, unendlich, unaussprechlich, unverständlich.

Die Religionen können immer noch davon sprechen, wahrheitshalber »mehr« gegenüber anderen Religionen oder Konfessionen zu haben, aber sie können anderen Menschen und Religionen niemals absprechen, dass ihr Leben auch im Geheimnis Gottes verwurzelt ist und dass dieser geheimnisvolle Gott eine Beziehung zu ihnen hat, die von ihrem eigenen Bereich aus nicht sichtbar und kontrollierbar ist. Denn aus dem Geheimnis Gottes sind die Welten und alle Geschöpfe erschaffen.

Der Verweis auf Gott wäre dann eine Erinnerung daran, dass weder religiöse, politische noch ideologische Mächte den Platz Gottes und der Vergöttlichung selbst einnehmen, um anderen ihre Lebens- und Denkweise aufzuzwingen. Er wäre eine Warnung vor »falschen Absolutheiten«, weil die Absolutheit nur Gott gehört.[256] Aus dem doxologischen Herzen der Religionen heraus strahlt so eine spezifische Kritik von Macht und Herrschaft gegen Religion, Staat und Gesellschaft.

Auf diese Weise kann Gottes universelles Geheimnis ein verbindendes Konzept aller Menschen, Völker und Religionen sein. Gemäß der Pastoralkonstitution vom II. Vatikanum sind alle Menschen zum Volk Gottes berufen, in welchen Religionen sie auch sein mögen: Warum sollte es ihnen erlaubt sein, nicht nur Seite an Seite, sondern auch miteinander zu beten? Zumindest in Richtung des unendlichen Geheimnisses Gottes, auf das sich Religionen in ihrem eigenen Bereich beziehen, wenn sie Gott in unerschöpflicher Unendlichkeit jenseits der geglaubten Gottesnotabilität Gott sein lassen. Wenn Religionen glauben, dass Gott der unendliche und ewig geheimnisvolle Gott »hinter« ihrer eigenen Semantik der Offenbarung ist, dann beziehen sie sich auf den »gleichen« Gott in dieser Wurzel des Geheimnisses. Die mystischen Teile der Religionen öffnen sich für die »Erfahrung« dieses gemeinsamen Geheimnisses.

Innerhalb der Spiritualität, im Lobpreis des unendlichen und geheimnisvollen Gottes, gibt es eine Dynamik, die die Symbolisierungen immer mehr verlässt und Gott am Ende nur still anbeten kann, in seiner unendlichen Nicht-Terminologie, in seiner völligen Andersartigkeit. Dies ermöglicht ein unbestimmtes Kommen und Gehen der provisorisch anfangbaren und dann immer wieder fliehenden Rufbarkeit Gottes. Je mehr die Religionen und ihre Gläubigen aus einer so offenen Beziehung zu Gott miteinander umgehen, desto mehr können sie ihre Religionen von ihren fundamentalistischen Ambivalenzen und destruktiven Teilen befreien.

Christentum, Judentum und Islam glauben aus ihren Offenbarungen, dass die inhaltliche Richtung dieses Geheimnisses ewige und unbegrenzte Barmherzigkeit und Gerechtigkeit ist.

Gottes Unendlichkeit ist in ihrer Qualität unendliche Liebe. Auch im Bereich der Bestimmbarkeit Gottes gibt es, bei aller Verschiedenheit zwischen den Religionen, auch Überschneidungen, wie die Anrede des barmherzigen Gottes, die sich die drei monotheistischen Religionen gemeinsam leisten können. So müssten z.B. in kirchlichen Wohlfahrtsverbänden und karitativen Einrichtungen neue Rituale, auch mit neuen gemeinsamen Texten, erfunden werden, in denen sich die Gläubigen verschiedener Religionen finden können.[257]

Entscheidend wird daher sein, ob man sich in den Religionen und Konfessionen auf einen Bezug zum unendlichen Gott einigen kann, der die Solidarität aller miteinander im Geheimnis Gottes verwurzelt. Leppin schreibt »je unbegrifflicher Gott verstanden wird, desto weniger plausibel werden die Unterschiede zwischen begrifflich bestimmten religiösen Systemen. ...Allerdings ist zu bedenken, dass in der christlichen Mystik die Unterschiede immer nur momenthaft aufgehoben sind. Wer aus dem Raum mystischer Erfahrungen wieder heraustritt, findet sich in der Welt des Begrifflichen und damit auch der Unterschiede zwischen den Religionen wieder.« Trotzdem gilt es, dass das Unbegreifliche in den mystischen Erfahrungen ausstrahlt auf das Begriffliche, dass eine gemeinsame »Mystik« ausstrahlt auf die Welt der Differenzen und sie tiefer zusammenhält als es die Suche nach begrifflichen Gemeinsamkeiten ermöglichen könnte.[258] Dann sind aus der emotionalen Tiefe der eigenen mystischen Spiritualität heraus Grenzüberschreitungen möglich, auch im alltäglichen Bereich.

Gott magni-ficare: größer sein lassen
Die Doxologie lässt Gott größer sein als unsere Möglichkeiten und Unmöglichkeiten, und zwar in die von daher unbegreifliche Dynamik seiner Güte, Solidarität und Erlösung. Teresa von Avila trifft ins Schwarze: »Wir, Schwestern, sollten also nicht nach Gründen in den verborgenen Dingen Gottes suchen, um sie zu verstehen.« [259] Es ist das Paradox einer doxologischen Sprache, die das Antworthafte verliert und dennoch oder gerade deswegen (weil es keine oder nur unzureichende, unbefriedigende Antworten gibt) weitere Räume jenseits der Räume des Zweifels und der Verzweiflung eröffnet oder zumindest andeutet.[260]

Wo der Tod alle menschlichen Verhältnisse erschüttert, ist der radikalste Ort, an dem sich diese Realität des Unmöglichen und Grundlosen als rettende Möglichkeit erweist. In diesem Sinne sagt Bruder Luc: »Der Tod ist Gott.« [261] Helmut Merklein schreibt: »... so wie der Tod der einzige Weg ist, Gott sehr nahe zu kommen.«[262] Das erzwungene Loslassen führt zum letzten Akt des eigenen Loslassens, nicht ins Leere, sondern in eine unendliche Verbindung von Leben und Liebe – darauf hoffen die Gläubigen. Dafür, dass Gott diese Welt unergründlicherweise so wollte, ist unentschuldbar. Aber auch: Gott muss nicht unschuldig, brauchbar und verständlich sein, damit Gott existieren darf.

7.3 »Dass etwas Sinn hat, egal wie es ausgeht«

Vor vielen Jahren schon habe ich ein Bild gesehen, das mich bis heute bewegt und begleitet, eine Photographie: Der Aufstand im Warschauer Getto ist niedergeschlagen. Die Sieger treiben die Überlebenden zusammen, um sie nach kurzer Zeit zu exekutieren oder in die Gaskammern zu schicken. Hier beginnt das

Bild. Neben einem Soldaten, aufrecht, Gewehr nach oben, ein angewinkeltes Knie, in lässiger Herrscherpose, liegen auf dem Boden eine Frau und ein Mann, mit den Köpfen zum Boden, zwei Menschen, die zusammengehören, die wie lange schon füreinander da waren und sind. Kurz vor ihrem Ende, das Gewehr drohend über ihnen. Der Mann bringt seinen Körper seitlich an die Frau, bedeckt sie etwas, schlingt seinen Arm schützend über ihren Kopf und Hals.[263]

Umsonst und nicht umsonst

Angesichts brutalster Schutzlosigkeit: dieses Schutzhandeln, rational sinnlos, und menschlich doch das Einzige, was zu tun noch möglich ist. Ein Bild der Nichtaufgabe der Liebe in der Gewalt, eines »gewaltigen« Widerstandes gegen die Gewalt: mit der Macht der Zärtlichkeit gegen die nackte Gewalt an von Schutz und Würde entblößten Menschen, *ver*geblich, weil die Maschinerie der tödlichen Gewalt nicht gestoppt wird, nicht ver*geblich*, weil sich darin die ohnmächtige Macht der Liebe ereignet, die keiner Zweckbestimmung unterliegt.

Die Struktur des Bildes aus Warschau ermutigt paradoxerweise dazu, in der Bedrängung, in der Schutzlosigkeit und Bedrohung, ja in der Hoffnungslosigkeit nicht die letztmöglichen Räume zu verlieren, wo Zärtlichkeit und Kraft, Liebe und Schutz zusammengeraten. In Zeiten wachsender Bedrohung schutzbedürftiger, behinderter und vor Elend und Gefahr fliehender oder darin aushaltender und gegendemonstrierender Menschen geht es darum, nicht zu resignieren, sondern auch im Hoffnungsmangel die Räume der Solidarisierung auszubauen. Gerade in schrumpfenden Handlungsspielräumen, so Jürgen Habermas, sind wachsende Verantwortlichkeiten gefragt.

Solidarischer Trauerschmerz, auch wenn er »nichts bringt«!

Ein unnachgiebiges Bild gegen alle, die sagen, es habe ja doch keinen Sinn, sich für Gerechtigkeit und Barmherzigkeit einzusetzen und dafür etwas zu riskieren, weil es ja doch keinen Erfolg habe. Die Demonstationen im Iran haben viel Schmerz gekostet und keine staatlichen Veränderungen gebracht. Im Gegenteil. Waren sie sinnlos? War die mitleidende Solidarität der (vor allem) Frauen außerhalb Irans sinnlos, weil auch sie keinen Erfolg haben?

Es gilt, den Blick zu öffnen für diese Kraft, für diese Zivilcourage, die schützende Hand um jemanden zu legen, als eine eigene Welt in einer Welt der Gewalt, der Destruktion, der gegenseitigen Zerstörung und der Zerstörung der Natur. Solches Handeln stoppt wenigstens an diesem Ort den Wahnsinn. Wenn auch im Vorübergang wird eine Schwebe erlebt, die Bisheriges unterbricht, ganz Anderes realisiert, aber dann ohnmächtig zusammenbricht. Angesichts dieses Bildes gilt nicht die Resignation: Was wir schon tun können, nutzt nichts, ist nur Tropfen auf den heißen Stein. Dass dieser Tropfen fällt, ist entscheidend. Und manchmal, so sagt ein afrikanisches Sprichwort, sind solche Tropfen die Vorboten eines befreienden Regens. Aber auch wenn dies nicht der Fall ist: Dass solche »Tropfen« nie verloren gehen, ist eine unmöglich mögliche Hoffnung, der immer noch viele gläubige Menschen anhängen. Keine dieser Szenen ist, auch wenn die Geschichte darüber hinweggeht, jemals verloren, jedenfalls nicht in den Augen Gottes. Gott sucht alle diese Augenblicke der Solidarität zusammen, er sammelt sie ein und lässt nichts davon untergehen. Woher kommt diese verrücktphantastische Hoffnung?

Sacer esto

Nach dem italienischen Philosophen Giorgio Agamben verkörpert der »Homo sacer« das nackte Leben im Zugriff staatlicher, struktureller bzw. mehrheitlich basierter Gewalt.[264] Es ist die Strategie der Herrschenden, die Existenz bestimmter Menschen und Kreise auf das nackte Leben zu reduzieren.[265] »Das ›Sacer esto‹ im römischen Recht nämlich bedeutete einen doppelten Ausschluss des Delinquenten: Durch die Straffreiheit des Tötens aus der Sphäre des Menschen und durch die Nichtzulassung der Opferung aus der Sphäre der Götter. Ein verurteilter homo sacer existiert als lebendiger Toter im Niemandsland jenseits von Gottes- und der Menschenwelt, in dessen Grauzone zulässige Tötung und verbotene Opferung zusammenfallen.« So »verkörpert er das nackte Leben im Zugriff souveräner Macht«.[266]

Agambens Gedanken können unschwer mit dem Bild aus Warschau in Verbindung gebracht werden. Die archaische Gestalt des homo sacer bricht hier in einer erschreckenden Weise durch die Zivilisationsdecke durch. Es ist die souveräne Macht, die über den Ausnahmezustand der anderen entscheidet und sie außerhalb der Rechtsordnung stellt.

Dass diese ausgegrenzte Ohnmacht Souveränität gewinnt und die herrschenden Diskurse und Praktiken unterbricht, dies ist nicht zuletzt die Botschaft des Gekreuzigten, der am Kreuz ebenso vernichtet wie verflucht ist, in Tateinheit mit jener von außen kommenden guten Macht, die in der Auferstehung diesem Leben, das als Torheit erscheint, zum grundlegenden und auch für den Normalfall signifikanten Extremfall erhebt.

Kreuz als Schmerz Gottes

Weltweit riskieren Menschen die Erfahrung von Ausgrenzung und Schmerz. Die Leiden der demonstrierenden Menschen im Iran treffen mich zutiefst. Meine Trauer ist ohne Wirkung und doch kann ich ohne sie nicht leben. Es gibt viel zu viele Orte, die solche Trauer und auch Wut auslösen. Man kommt gar nicht hinterher. Und das war schon immer so und wird immer so bleiben, solange es diese egoistische, gierige und gewalttätige Menschheit gibt, und solange es Menschen gibt, die nicht wegschauen. Auch um ihrer selbst nicht: denn wer nach außen keine Empathie aufbringt, erkaltet auch nach innen.

Das Kreuz ist der Schmerz Gottes über diese Welt. Wenigstens das, wenn Gott schon nicht hilft, noch nicht! Gott ist im auferstandenen Christus, was er in Jesus gezeigt hat: der in den Leiden der Schöpfung »mitseufzt« (vgl. Röm 8,22) und der in den hungrigen, fremden, obdachlosen, nackten und kranken Menschen begegnet (vgl. Mt 25,32–43).

Das ist viel, auch wenn es zu wenig ist, weil Gott eingreifend nichts verändert. Es ist dann so, als gäbe es ihn nicht. Analog dazu: Als wüssten die Demonstrierenden im Iran nichts davon, dass es auch außerhalb viele gibt, die mit-leiden und mit-hoffen, wider alle Hoffnung. Aber die christliche Botschaft ist hier hartnäckig kontrafaktisch: Es gibt Gott, und er ist auch noch letztlich gut, weil er uns in Christus seinen Mitschmerz offenbart.[267] Ohne letzteres könnte uns ein derart herzloser Gott gestohlen bleiben. Warum dies so ist, wissen wir nicht und treibt den Menschen die Klage und Anklage ins Gesicht. Es gibt nur diesen Rest an Glauben: Gott schmerzt der Menschheit Schmerz, und zwar total und vollkommen. Dann gibt es, wie Dietrich Bonhoeffer in Todesnähe schreibt, »gute Mächte« im Universum, die uns »wunderbar« tragen und bergen.

Und deshalb überzeugt mich überhaupt nicht die kaltschnäuzige Einstellung: Was haben wir davon, wenn sich unser Leiden in Gott verdoppelt?[268] Das ist genauso, als wenn ich sagen würde: Was haben die Geschlagenen, Gefangenen und Getöteten im Iran davon, dass außerhalb ihres Landes Menschen mit-leiden und mit-sorgen? Die Offenbarung des geschundenen Gottessohnes offenbart dagegen die Wahrnehmung der Geschundenen als theologischen Ort, wo wir, auch wenn das gar nicht richtig möglich ist, ihren Schmerz an unser eigenes Herz heranlassen, mit der ethischen Konsequenz, uns dafür einzusetzen, dass sie aus der permanenten Exklusion frei kommen, nicht als Erfolgsbedingung, sondern als unbedingten Mitkampf für ihre Befreiung. Es geht um die Ermächtigung zugunsten der Definitionsmacht der Betroffenen.[269] Und wenn wir selbst im Schmerz leben und sterben, sind wir nicht allein, hoffentlich nicht bei Menschen, sicher nicht bei Gott.

Unter Menschen, die geliebt wurden und lieben können, gibt es die Erfahrung: Den Menschen lieben, lässt ihn sagen: du sollst nicht sterben. Dieser Gedanke von Gabriel Marcel bringt eine Einsicht zum Vorschein, die der christliche Glaube bis in die Liebe Gottes hinein gültig sein lässt, auch über den Tod der Menschen und der Welt hinaus. So unmöglich wie ein mitleidender Gott, so unmöglich ist die letzte Rettung, von uns aus gesehen. Aber wer wird Hoffnung nur unserem Blickwinkel unterwerfen wollen? Ostern lässt trotzig ahnen, dass das rettend Unmögliche möglich ist! Václav Havel: »Hoffnung ist nicht die Überzeugung, dass etwas gut ausgeht, sondern die Gewissheit, dass etwas Sinn hat, egal wie es ausgeht.« Es gibt für mich nur die einzige transzendentale »Sicherheit« oder besser Hoffnung: nämlich dass es einen »Sinn« für das Gute gibt. Diese

Hoffnung nicht verlorengehen zu lassen, dafür sind auch die Religionen da!²⁷⁰

Julia Enxing bringt hier einen eindrücklichen Text »Wie trifft man Entscheidungen?« im Wort zum Sonntag vom 3.6.2023:

> »Doch, wie trifft man eigentlich Entscheidungen, wenn man die Antwort nicht kennt und auch nicht erraten kann? Und was, wenn die Antwort auf eine Frage nicht so eindeutig ist … – weil es nicht um Wissens- sondern um Lebensfragen geht? Und vor allem: Was, wenn mehr davon abhängt, wenn es eben nicht um ein Spiel, sondern das echte Leben geht? Wie geht ›Entscheiden?‹ Wie geht das, Dinge im Herzen und im Kopf bewegen? Zu erwägen?
> Jesus hat da eine recht kluge Methode, finde ich. Er nimmt erstmal Tempo raus. Er entschleunigt sein Leben und nimmt sich Zeit für wichtige Entscheidungen. In der Bibel wird häufig erzählt, dass Jesus sich zurückzog, allein auf einen Berg ging, um zu beten und nachzudenken. … Eine Szene berührt mich besonders: Kurz vor der Verleumdung Jesu, da heißt es, dass ihn ›Traurigkeit und Angst‹ ergriffen und er sagte zu seinen Jüngern: ›Setzt euch hier hin, während ich dorthin gehe und bete! […] Meine Seele ist zu Tode betrübt. Bleibt hier und wacht mit mir!‹ Er bittet seine Freunde, bei ihm zu bleiben, er bittet sie, diese Situation nicht alleine aushalten, nicht alleine durchstehen zu müssen. Das ist eine wunderbare Bitte: ›Lasst mich nicht alleine, auch wenn ihr das Problem nicht für mich lösen könnt, auch wenn es nichts gibt, was ihr konkret tun könnt –

auch, wenn ihr mir meine Entscheidungen nicht abnehmen könnt.‹

Für mich persönlich ist das das Göttliche: Immer da zu sein. Gott kann mir meine Entscheidungen nicht abnehmen, die Fallstricke nicht wegzaubern und auch meine Probleme nicht lösen, mir meinen Schmerz nicht nehmen. Aber Gott ist da, hält mit mir aus, geht nicht weg, sondern bleibt da und wacht mit mir. Für mich ist Gott empathisch, Gott fühlt mit mir. Gott ist ein Gott der da ist und gerade nicht, wie es den Jüngern in der Geschichte passiert ist, einschläft. Gott bleibt mit mir wach in meinen wachen Nächten. Das klingt nicht gerade ›allmächtig‹ meinen Sie? Vielleicht. Vielleicht ist Empathie aber auch wichtiger als Allmacht.«[271]

7.4 »Ein Produkt barmherziger Illusionierung«?

Wenn das alles einmal nicht wahr sein sollte, wofür viele religiöse Vorstellungen und viele Sehnsüchte stehen, dann bleibt die haltlose Schwebe, die im Nichts versinkt. Wenn die Liebe zugrunde geht und die schlimmsten Taten ohne Konsequenzen bleiben, sei es mit, sei es ohne Gott, dann schreie ich schon jetzt in meinen Tod einen Protest in das unendliche Universum hinaus, den dann allerdings niemand hören wird. Dieser Protest ist ebenso absurd wie unerlässlich. Es geht kein Weg dran vorbei: Erst im Tod werde ich merken, wohin die Zukunft geht, oder ich werde nichts mehr merken.

Wie weit Menschen trotzdem mit Hoffnungsillusionen besser leben als ohne sie, steht auf einem anderen hochambivalenten Blatt. Ich denke hier an jene eigenartige Illusion, der sich die

Vollendung von Storms Meisterwerk »Der Schimmelreiter« verdankt. Storms Bruder Emil erklärte mit anderen Ärzten, dass die Diagnose, Storm habe Magenkrebs, Unsinn sei, und dass seine diesbezüglichen Beschwerden nur harmlos seien. »Storm glaubte es sofort, schnellte empor und hatte einen vorzüglichen Sommer, in dessen Verlauf er mit den guten Husumern seinen 70. Geburtstag sinnig fröhlich beging und außerdem den ›Schimmelreiter‹ fortführte und siegreich beendete …«.[272] Thomas Mann schreibt weiter: »Das Meisterwerk … ist ein Produkt barmherziger Illusionierung.«[273]

Der religiöse Glaube lebt davon, immer auch über den Tod hinaus zu phantasieren. Das muss man sich nicht verbieten lassen. Wichtig ist allerdings, dass all unsere Phantasie spätestens im Tod abzugeben ist an das Geheimnis dahinter. Von solchen Phantasien leben Spiritualitäten, Kunst, Rituale und Musik, – und Theologien. Und die diesbezüglich Verantwortlichen haben die Verantwortung, dass diese Phantasien *jetzt* das Erlebnis-, Hoffnungs- und Sorgeniveau der Menschen so erreichen, dass sie *jetzt* gut tun, zu leben helfen und nicht Ausgrenzung und Hass befördern. Und sie haben permanent zu signalisieren, dass ihre Phantasien nie identisch mit dem sind, was vom unendlichen Geheimnis her tatsächlich sein wird. Allenfalls sind ihre Narrative und Argumentative ahnende Spuren ihrer eigenen Hoffnungen. Derart ist der Glaube ein »religiöses Experiment«,[274] eine Wette, ein Einsatz, den man verlieren kann. Aber vielleicht tröstet die Einsicht des serbo-kroatischen Literaturnobelpreisträgers (1961) Ivo Andrić: »Sich in einer großen Hoffnung zu täuschen ist keine Schande. Allein die Tatsache, dass es eine solche Hoffnung geben konnte, ist so viel wert, dass sie mit einer Enttäuschung, wie schwer sie auch sei, nicht zu teuer bezahlt wird.«[275]

Auch wenn es Gott nicht gäbe, wäre ein solches Nachdenken in den Religionen nicht vergeblich. In jedem Fall ginge es dann auch um eine wichtige Humanisierung religiöser Vorstellungen. Es ist ja offensichtlich, dass in der Geschichte und in der Gegenwart der Religionen Gottesphantasien sich ausgesprochen inhuman auswirken, vor allem für die Nichtdazugehörigen. Es ist immer von besonderer Bedeutung, wenn es in den Religionen Menschen gibt, die die Humanisierung der Gottesvorstellungen betreiben und mit den Mitteln der jeweiligen Religionen vertiefen, damit die herrschenden Gottesbeziehungen den Menschen eine Lebenshilfe zur Liebe und zur Solidarität sind bzw. werden.

Eine diesbezüglich stützende spirituelle Haltung besteht aus dem christlichen Sprachspiel heraus darin, die Einsichten des Paulus, dass alles Diesseitige so zu gebrauchen ist, als hätte man es nicht (1 Kor 7,29–32),[276] auch auf den Glauben, der ja diesseitig ist, zu übertragen: nämlich den Glauben und »Gott« zu »haben« als hätte man beides nicht (6.2). Dies wäre übrigens auch ein Akt der Solidarität mit den Menschen, die nicht glauben können. Bei der Begegnung mit Teresa von Avila fängt Johannes vom Kreuz an zu schweben, ihm wird der Boden entzogen (4.1). Das scheinbar unwirkliche »Als ob« erschafft neue Wirklichkeit.

Phantasieren wir im Traditionsmaterial des Christlichen, und nehmen wir den Tod auch in diesem religiösen Bereich ernst: Spannend wird die christliche Offenbarungssemantik, wenn man sie in ihrer dreifaltigkeitstheologischen Version radikalisiert. Denn dann findet der tiefe Riss, findet die totale Schwebe zwischen Diesseits und Jenseits, im Tod bzw. im künftigen und sicheren Untergang der Erde im Universum, in Gott selbst statt. Und zwar ohne dass der Riss dabei verkleinert oder zugekleistert wird. In Gott selbst ist die Todesgrenze unüberbrückbar. Und diese Unüberbrückbarkeit wird, wenn überhaupt, nur im unendlichen Jenseits, das uns völlig entzogen ist, überwunden. Dafür steht die voreilige Botschaft von der diesseitigen Begegnung mit dem Auferstandenen. Doch dieser gehört bereits der unberührbaren anderen Welt an.[277]

Anmerkungen

1. Vgl. https://www.sueddeutsche.de/kolumne/sprachlabor-nix-gwiss-woas-ma-ned-1.3393647 Autor *Hermann Unterstöger*, Zugriff 30.5.23.
2. Vgl. Regina Laudage-Kleeberg, Obdachlos katholisch? Auf dem Weg zu einer Kirche, die wieder ein Zuhause ist, München 2023. Zu den unterschiedlichen Situationen und Gemütslagen von ausgetretenen bzw. nicht ausgetretenen Menschen hinsichtlich der katholischen Kirche vgl. ebd. 9–16.
3. Vgl. Volker Leppin, Ruhen in Gott. Geschichte der christlichen Mystik, München 2021, 9.
4. Vgl. ebd.10 und 11, mit Bezug auf Michel de Certeau.
5. Vgl. Hans Urs von Balthasar: Erster Blick auf Adrienne von Speyr, Einsiedeln 1968; ders., Unser Auftrag. Einsiedeln 1984; ders., Adrienne von Speyr, in: Geist und Leben 58 (1985) 1, 61–66; vgl. auch Barbara Albrecht: Eine Theologie des Katholischen. Einführung in das Werk von Adrienne von Speyr, 2 Bände, Einsiedeln 1972–1973; Ottmar Fuchs, Der zerrissene Gott. Das trinitarische Gottesbild in den Brüchen der Welt, Ostfildern ³2016, 109–126.
6. Leppin, Ruhen 15.
7. Vgl. Günter Hänsel, Wider das perfekte Leben, in: Christ und Welt vom 6.7.2023, Nr. 29, 1–2. Hänsel zitiert hier Fulbert Steffensky.
8. Hänsel, Leben 1, Spalte 3. (Halbheit Spalte 1).
9. Ebd. 2, Spalte 1.
10. So hat es Henning Luther formuliert, zitiert in Hänsel, Leben 1, Spalte 3.
11. Vgl. https://de.wikipedia.org/wiki/Thomas_Digges, Zugriff 1.7.23.
12. Vgl. Hans Blumenberg, Das Universum eines Ketzers, in: Giordano Bruno, Das Aschermittwochsmahl. Einleitung von Hans Blumenberg, Frankfurt am Main 1969, 7–51, 13.
13. Ebd.
14. Vgl. ebd. 14.
15. Friedrich Nietzsche, Gesammelte Werke, Bindlach 2005, 1270.
16. Vgl. Blumenberg, Universum 17.
17. Ebd. 16.
18. Teresa von Avila, Die innere Burg, Zürich 1979 (1577), 135 (6. Wohnung, 4. Kapitel).
19. Blumenberg in seinen Anmerkungen zum Aschermittwochsmahl ebd. 181–190, 187–188.

20 Bruno, Aschermittwochsmahl 124.
21 Möglicherweise könnten diese Einsichten mit dem Konzept der ereignisbasierten Repräsentanz »Gottes« in der Geschichte ins Gespräch gebracht werden, wie es Michael Schüßler entwickelt hat: nämlich dass Gott »*immer wieder* neu mit uns anfängt – in der Zeit und dann über die letzte Grenze, über den Tod hinaus«, in: ders., Mit Gott neu beginnen. Die Zeitdimension von Theologie und Kirche in ereignisbasierter Gesellschaft, Stuttgart 2013, 321.
22 Vgl. Blumenberg, Universum 51.
23 Ebd. 49.
24 Vgl. Norbert M. Wildiers, Teilhard de Chardin, Freiburg i.B. ⁵1964, 58, 99; Ottmar Fuchs, Ökologische Pastoral im Geiste Teilhards de Chardin, in: Orientierung 59 (1995) 10, 115–119.
25 Vgl. Blumenberg, Universum 19.
26 Vgl. Bruno, Aschermittwochsmahl 55.
27 Vgl. Blumenberg, Universum 22.
28 Vgl. Blumenberg, ebd. 41.
29 Ebd. 38.
30 Vgl. Käptn Peng & Die Tentakel von Delphi – Sockosophie Lyrics | Genius Lyrics,bzw. https://www.songtexte.com › sockosophie-3baa44e4, Zugriff 5.8.2023.
31 Hannah Arendt, Walter Benjamin, in: dies., Menschen in finsteren Zeiten, München, Zürich ²1989, 185–242, 229, vgl. auch 207.
32 Walter Benjamin, Über den Begriff der Geschichte, in: ders., Gesammelte Schriften I, 2, 1980, 702, These XVII.
33 Vgl. Ottmar Fuchs, Ohne Wandel keine inhaltliche Kontinuität – weder in der Pastoral noch in der Pastoraltheologie, in: Theologie und Glaube 100 (2010) 288–306.
34 Hier kann man gut den Abduktionsdiskurs anschließen: vgl. Christian Bauer, Ortswechsel der Theologie, Band 1, Wien 2010, 814ff.
35 Vgl. Robert Musil, Der Mann ohne Eigenschaften (Bd. 1), Reinbek 1978, 16–18.
36 Vgl. Benjamin, Über den Begriff der Geschichte 693–694, These II.
37 Dietrich Bonhoeffer, Widerstand und Ergebung. Briefe und Aufzeichnungen aus der Haft, München 1970, 147 (Hervorhebung durch den Autor).
38 Der Landeskirchenrat der Evangelisch-Lutherischen Kirche in Bayern (Hg.), Meide Büdel, Kunstpreis der Evang.-Luth. Kirche in Bayern 2008, München 2008. Vgl. https://www.kunst-kirche-bayern.de/wp-

content/uploads/2020/06/ELKB_Kunstpreis_Buedel_2008.pdf, Zugriff 8.8.2023.
[39] Bernd Goldmann, Meide Büdels Arbeiten für den öffentlichen Raum, in: Landeskirchenrat, Kunstpreis 4–17, 6.
[40] Ellen Seiferman, Die Leichtigkeit des Seins, in: Landeskirchenrat, Kunstpreis, 24–25.
[41] Goldmann, Büdels Arbeiten, in: Landeskirchenrat, Kunstpreis 19.
[42] Zitiert bei Patrik Scherrer, Zum »schwebenden Altar« von Meide Büdel in der evangelischen Christuskirche in Nürnberg, in: Das Münster 61 (2008), 354–357, 356.
[43] Ebd. 357.
[44] Ebd. 357.
[45] Vgl. ebd. 354.
[46] Penelope Fitzgerald, Die Buchhandlung. 3/2022 (London 1978), Berlin, 76
[47] Ebd. 178.
[48] So Denis Scheck in seiner TV-Literatursendung »druckfrisch« im März 2021.
[49] Fitzgerald, ebd. 121.
[50] Ebd. 168.
[51] Carlos María Domínguez, Das Papierhaus, Frankfurt am Main 2004, 36.
[52] Robertson Davies, The Salterton Trilogy: Tempest–Tost, 1951. Penguin Books 1986. (Übersetzung: O. F.)
[53] Rüdiger Safranski, Schiller oder Die Erfindung des Deutschen Idealismus, München, Wien ²2008, 50.
[54] Vgl. Marion Keuchen, u.a. (Hg.), Tanz und Religion. Theologische Perspektiven, Frankfurt a.M. 2008.
[55] Milan Kundera, Die unerträgliche Leichtigkeit des Seins. Roman, München, Wien 1984, 91.
[56] Vgl. Anke Bosse, Interkulturelle Balance statt »clash of cultures«. Zu Goethes »West-östlichem Divan«, in: Etudes germaniques 60 (2005) 2, 231–248, 244.
[57] Wenn Daniel Barenboim am 7. Juli 2001 das erste Mal in Israel öffentlich Richard Wagner dirigiert hat, zeigt sich darin der schwierige und auch sehr kritisierte Versuch der Wiedergewinnung Wagners für eine Musik, die verbindet und davon befreit wird, nur auf ihre Instrumentalisierung durch den Nationalsozialismus für die Ästhetisierung schrecklicher Ausgrenzung und Zerstörung fixiert zu bleiben.

58 Vgl. MARWAN ABADO, PAUL GULDA, BACH BIS BEIRUT: https://www.paulgulda.info/bach-bis-beirut/ Zugriff 19.8.2023.; Ottmar Fuchs, Poesie als empathische Imagination interreligiöser Freiheit – Am Beispiel Goethes West-östlichen Divans, in: Francois-Xavier Amherdt, Mariano Delgado, Salvatore Loiero (Hg.), 50 Jahre Dignitatis Humanae., Freiburg, Schweiz 2017, 131–157.
59 Vgl. Ottmar Fuchs, Die Menschen in ihren Erfahrungen suchen, in: Rainer Bucher/Ottmar Fuchs/Joachim Kügler (Hg.), In Würde leben, Luzern 1998, 209–334; zu Kritik öffentlicher Ästhetikprodukte vgl. Wolfgang Welsch, Grenzgänge der Ästhetik, Stuttgart 1996.
60 Zitiert in: https://www.daserste.de/information/wissen-kultur/ttt/sendung/ttt-15102023-anatomie-eines-falles-100.html, Zugriff 17.10.23.
61 Vgl. https://de.wikipedia.org/wiki/John_Cage#Das_%E2%80%9EUr-Happening%E2%80%9C.
62 Vgl. https://de.wikipedia.org/wiki/Robert_Rauschenberg.
63 Zitiert bei Fabjan Hafner, Auf einer Brücke in Sarajewo, in: Die Presse, vom 31.3.2007, VII, zitiert aus Karahasans Buch: Berichte aus der dunklen Welt.
64 Hans Bethge, Lieder des Hafis, Nachdichtungen, Leipzig 1939 (Insel-Bücherei Nr. 542), 9.
65 Ebd. 10.
66 Ebd. 13.
67 Ebd. 20.
68 Ebd. 25. Zur Vernunftkritik des letzten Zweizeilers vgl. den Songtext von Tocotronic (deutsche Rock-Band aus Hamburg) »Pure Vernunft darf niemals siegen«.
69 Vgl. Franziska Schnoor, Die Otmarsverehrung im Laufe der Jahrhunderte, in: Cornelia Dora (Hg.), Vater für die Armen. Otmar und die Anfänge des Klosters St. Gallen, Basel 2019, 70–83, 75.
70 Hilde Domin, Nur eine Rose als Stütze, Frankfurt a.M. 1978 (1959), 53, wohl analog zu »Ich gehe verlorene Schritte auf dem Erdboden, der ganz Luft ist.« Von Lope de Vega, den Domin anfangs programmatisch zitiert: »Dando voy pasos perdidos per tierra, que todo es aire« (3).
71 Domin, Rose als Stütze 55
72 Ebd. 72.
73 Vgl. Hilde Domin, Wozu Lyrik heute. Dichtung und Leser in der gesteuerten Gesellschaft, in: Abel steh auf. Gedichte, Prosa, Theorie,

Stuttgart 2008 (1967), 75–91. Zitate aus:https://levenshorizonten.com/2014/03/24/hilde-domin-wozu-lyrik-heute/, Zugriff 11.8.2023.
74 Vgl. https://www.bkz.de/kultur/die-poesie-laesst-einen-ueber-den-dingen-schweben-122504.html, Zugriff 8.8.2023.
75 https://www.braunschweig.de/politik_verwaltung/nachrichten/raabe_literaturpreis.php, Zugriff 9.10.23.
76 Vgl. Felix Stephan, Das bin ja ich, in: Süddeutsche Zeitung Nr. 230, Freitag, 6. Oktober 2023 Feuilleton 6.
77 Vgl. zum Folgenden Katharina Mommsen, Goethe und die Arabische Welt, Frankfurt a. M. 1988, 194–238; vgl. in neuer Auflage dies., Goethe und der Islam, Frankfurt a. M., Leipzig 2001, 31–95.
78 Johann Wolfgang von Goethe, West-östlicher Divan, München 1982, 21–22.
79 Vgl. Anil Bhatti, »… zwischen zwei Welten schwebend …« Zu Goethes Fremdheitsexperiment im West-östlichen Divan, in: Hans-Jörg Knobloch, Helmut Koopmann, Goethe. Neue Ansichten – Neue Einsichten, Würzburg 2007, 103–122, zugänglich über: https://publikationen.ub.uni-   frankfurt.de/opus4/frontdoor/deliver/index/docId/10098/file/bhatti_divan.pdf, Zugriff 6.7.2023.
80 Bhatti, Schwebend, 3–4.
81 Ebd. 10.
82 Ebd. 10.
83 Zitiert ebd. 11.
84 Ebd. 16.
85 So Goethe in seiner Ankündigung des Divans, Morgenblatt 1816, zitiert in: Goethe, Divan, Anmerkungen 136.
86 Im Buch des Sängers, Goethe, Divan 13.
87 Ebd. 22.
88 Johann Wolfgang von Goethe, West-östlicher Divan (hg. v. Hendrik Birus, 2 Bde.), Frankfurt am Main 1994, (Noten und Abhandlungen zum besseren Verständnis des westöstlichen Divan, 1819), Bd. 1, 157.
89 Johann Wolfgang von, (Einleitung zu:) Thomas Carlyle, »Leben Schillers«, Frankfurt a.M., 1830, VII.
90 In einem Fernsehgespräch mit Bettina Böttinger im WDR 1999.Vgl. dazu Ottmar Fuchs, Mitleidbasierte Barmherzigkeit bis ins Gericht, in: George Augustin (Hg.), Barmherzigkeit leben. Eine Neuentdeckung der christlichen Berufung, Freiburg i.B. 2016, 30–67.
91 Purandocht Pirayech, Gol-o-Bolbol (Rosen und die Nachtigall). Ausgewählte Gedichte aus zwölf Jahrhunderten, übertragen aus dem Persischen, Teheran 2012, 22.

92 Dževad Karahasan, Einübung ins Schweben. Roman, Berlin 2023.
93 Zum Nutzen eines völlig nutzlosen Wissens vgl. ebd. 11.
94 Vgl. ebd. 224.
95 Zitiert bei Tobias Wenzel, »Wenn ich unter Freunden sein will, muss ich zum Friedhof«, in: https://www.deutschlandfunkkultur.de/goethepreis-fuer-dzevad-karahasan-wenn-ich-unter-freunden-100.html, Zugriff 20.5.2023.
96 Zitiert ebd.
97 Zitiert ebd.
98 Zitiert ebd.
99 Zitiert ebd.
100 Zitiert bei Fabjan Hafner, Auf einer Brücke in Sarajewo, Besprechung zu Karahasans »Berichte aus der dunklen Welt«, Zitat aus diesem Buch.
101 Karahasan, Schweben 8.
102 Ebd. 236–237.
103 Ebd. 24.
104 Vgl. ebd.13.
105 Ebd. 13.
106 Ebd. 22.
107 Zitiert bei Tobias Wenzel, »Einübung ins Schweben«: Vom Humanisten zum Unmenschen, in: https://www.ndr.de/kultur/buch/tipps/Einuebung-ins-Schweben-Vom-Humanisten-zum-Unmenschen,einuebung100.html, Zugriff 23.5.2023. Vgl. ähnlich Karahasan, Schweben 99.
108 Karahasan, Schweben 38.
109 Ebd. 40.
110 Ebd. 168.
111 Ebd. 9
112 Vgl. https://www.tandfonline.com/doi/full/10.1080/14649357.2019.1676561, Zugriff 8.8.2023.
113 Ebd. 303.
114 Von zwölf Millionen Einwohnern Englands zur Zeit des Dichters gehörten fünftausend Familien zu den Reichsten, von denen sich die Mittelschicht von etwa 300 Tausend abhob (mit dem Einkommen von bis zu 1000 Pfund pro Jahr), vgl. Charlotte Carstairs, John Keats. Selected Poems, London 9/1992, 16.
115 Vgl. ebd. 5.
116 Vgl. ebd. 8 und 10.

[117] Vgl. Ebd. 6.
[118] Keats, Poems (ed. by P. Washington), London 1994, 20.
[119] Henry V. Morton, Wanderungen in Rom, Frankfurt a. M. 1986, 271.
[120] Christina M. Gee, Keats House, Wentworth Place, London 1990, 16.
[121] Rüdiger Safranski, Schiller oder Die Erfindung des Deutschen Idealismus, München, Wien ²/2008, 11.
[122] Gee, ebd. 16.
[123] Ebd. 16.
[124] Vgl. dazu auch ebd. 22 und 24. vgl. auch https://englishhistory.net/keats/gravesite-in-rome/, Zugriff 26.6.23.
[125] Sc. des Menschen, O.F.
[126] In der Übersetzung von Heinz Piontek, John Keats. Gedichte. Auswahl, Stuttgart ²1981, 37.
[127] Vgl. Bernhard Fabian (Hg.), Die englische Literatur Band 2: Autoren, München 1991, 240.
[128] Vgl. Keats, Poems 232 (im Brief vom 21. Dezember 1817 an George und Tom Keats); vgl. dazu Carstairs, John Keats 77f.
[129] Vgl. https://theconversation.com/john-keats-concept-of-negative-capability-or-sitting-in-uncertainty-is-needed-now-more-than-ever-153617, Zugriff 25.6.23.
[130] Vgl. Teodora Rudolph, Die negative Befähigung, in: https://de.linkedin.com/pulse/die-negative-bef%C3%A4higung-teodora-rudolph?trk=article-ssr-frontend-pulse_more-articles_related-content-card, Zugriff 25.6.23.
[131] Vgl. Die Kunst, sich zu verlieren, um sich wiederzufinden, in: https://gedankenwelt.de/die-kunst-sich-zu-verlieren-um-sich-wieder-zu-finden/, Zugriff 23.6.23.
[132] Vgl. Lydia Meyer, Die Zukunft ist nicht binär, Hamburg 2023, auch https://www.feinschwarz.net/lydia-meyer-die-zukunft-ist-nicht-binaer/.
[133] Vgl. Wilfred R. Bion, Lernen durch Erfahrung, Frankfurt a. Main 1992. Vgl. auch Wolfgang Wiedemann, Wilfred Bion und die Seelsorge, in: Isabelle Noth, Christoph Morgenthaler (Hg.), Seelsorge und Psychoanalyse, Stuttgart 2007, 176–190.
[134] Carstairs, John Keats 13.
[135] Vgl. Piontek, Gedichte 47.
[136] Keats, Poems 242–243: im Brief vom 27. Oktober 1818 an R. Woodhouse.
[137] Vgl. Sperry, Poet 245.

138 Keats, Poems 30 (in der sechsten Strophe dieser Ode).
139 Albrecht Weber, Deutsche Literatur in ihrer Zeit, Band 1 (750–1880), Freiburg i. B. 1978, 269.
140 In der Übertragung von Piontek, Gedichte 13.
141 Z B. im Gedicht »Wenn ich Ängste habe ...«, vgl. Keats, Poems 17, auch Piontek, Gedichte 39.
142 John Keats, Hyperion. Ein Fragment, Darmstadt 1948, 55 und 59.
143 Vgl. Christa Wolf, Kein Ort. Nirgends, Darmstadt und Neuwied ⁵1983, 95.
144 Ebd. 101. Ähnlich denkt übrigens auch Annette von Droste-Hülshoff über die zukünftige Bedeutung ihrer Gedichte, vgl. Ottmar Fuchs, Subkutane Revolte. Annette von Droste-Hülshoffs geistliches Jahr. Eine theologische Entdeckung, Ostfildern 2021, 11.
145 Vgl. Wolf, Kein Ort 105.
146 Ebd. 105–106.
147 Ebd. 108.
148 Ebd. 110.
149 Ebd. 108.
150 Ebd. 113.
151 Ebd. 102.
152 Ebd. 116.
153 Ebd. 118-119.
154 Ebd. 41.
155 Ebd. 56.
156 Ebd. 65.
157 Eine postmoderne Pop-Version (1977) des fliegenden Abhebens in und von einer Kathedrale findet sich bei Crosby, Stills & Nash Lyrics, »Cathedral« in: https://www.azlyrics.com/lyrics/crosbystillsnash/cathedral.html, Zugriff 23.8.2023.
158 Peter Prochac, Hl. Johannes vom Kreuz, Mt 21,23–27, in: https://www.wwwpredigt.eu/2020/12/13/hl-johannes-vom-kreuz-mt-2123-27/ Zugriff 6.8.23.
159 Vgl. Michael Johannes Schindler, Gott auf der Straße. Studie zu theologischen Entdeckungen bei den Straßenexerzitien, Münster 2016.
160 Dorothee Steiof, Was macht Gott in der Stadt? Erfahrungen aus einem Projekt der Präsenzpastoral im Süden von Stuttgart, in: https://www.feinschwarz.net/was-macht-gott-in-der-stadt-erfahrungen-aus-einem-projekt-der-praesenzpastoral-im-sueden-von-stuttgart/, Zugriff 7.8.23.

161 Vgl. Alber Biesinger, An der Grenze zwischen Leben und Tod, in: https://www.feinschwarz.net/an-der-grenze-zwischen-leben-und-tod/, Zugriff 5.6.2023.
162 Vgl. Susanne Haverkamp, »Ein völlig neues Leben« in: https://www.kirchenzeitung.de/albert-biesinger-ueber-seine-nahtoderfahrung-und-das-leben-danach, Zugriff 15.4.2023.
163 Zitate ebd.
164 Ebd.
165 Peter Kümmel, Iris Radisch, Der Eisheilige, in: DIE ZEIT Nr. 43, 12. Oktober 2023, Feuilleton 49.
166 Felix Stephan, Das bin ja ich, in: Süddeutsche Zeitung Nr. 230, Freitag, 6. Oktober 2023 Feuilleton 6 (beide Zitate).
167 Sten Nadolny, Die Entdeckung der Langsamkeit. Roman, München 1987, Zitat 329.
168 Fritz Reheis, »Kopf, Herz und Hand«, Interview, in: Der Spiegel. Wissen 3/2016, 54f, hier 54; vgl. Ottmar Fuchs, Gott, die Welt, mein Kater und ich, Würzburg 2021, 20, 110.
169 Nadolny, Entdeckung der Langsamkeit 329.
170 Vgl. Horst Eberhard Richter, Der Gotteskomplex. Die Geburt und die Krise des Glaubens an die Allmacht des Menschen, Reinbek 1979.
171 Vgl. Fuchs, Der zerrissene Gott (Anm. 5) 17–23.
172 Cecile Dormeau, Ein Plädoyer fürs Trödeln, in: Der Spiegel. Wissen 3/2016, 66f.
173 Vgl. Ottmar Fuchs, Paradoxe Doxologie: Gott größer sein lassen als Zweifel und Nicht-mehr Glaubenkönnen, in: Diakonia 48 (2017), 3, 210–213.
174 Vgl. das Themenheft Seelsorge: Wege zum Menschen 66/2 (2014).
175 Zitiert im Vorwort von Hinrich Siefken zu der von ihm besorgten ersten vollständig kommentierten Ausgabe: Theodor Häcker, Tag- und Nachtbücher 1939–1945, Innsbruck 1989, 15.
176 Es wäre interessant, hier den Verschwendungsdiskurs von Georges Bataille anzuschließen, vgl. Robert Ochs, Verschwendung. Die Theologie im Gespräch mit Georges Bataille, Frankfurt/M. 1995.
177 Vgl. https://www.youtube.com/watch?v=4fYIm4Q1Qfc, Zugriff 23.8.2023.
178 Annette Mingels, Dürrenmatt und Kierkegaard. Die Kategorie des Einzelnen als gemeinsame Denkform, Köln 2003, 8 (das Zitat im Zitat stammt aus Dürrenmatts »Das Versprechen«.
179 Mingels, ebd. 315.

180 Friedrich Dürrenmatt, Werkausgabe in siebenunddreißig Bänden, Band 14, Zürich 1998, 326–327. Die auf Dürrenmatt bezogenen Hinweise verdanke ich vor allem Thomas Markus Meier, Friedrich Dürrenmatt und der Zufall, Ostfildern 2012.
181 Vgl. Emil Weber, Friedrich Dürrenmatt und die Frage nach Gott. Zur theologischen Relevanz der frühen Prosa eines merkwürdigen Protestanten, Zürich 1980, 239.
182 Dürrenmatt, Werkausgabe, Band 33, 196.
183 Dürrenmatt zitiert bei Meier, Dürrenmatt 194.
184 Vgl. Birgit Hoyer, Seelsorge auf dem Land; Räume verletzbarer Theologie, Stuttgart 2011.
185 Vgl. Meier, Dürrenmatt 66ff.
186 Karl Rahner, Erfahrungen eines katholischen Theologen, in: Karl Lehmann (Hg.), Vor dem Geheimnis Gottes den Menschen verstehen, Freiburg/Br. 1984, 105–119, beide Zitate 106–108; vgl. Karl Rahner, Von Gott muss geredet werden, in: Orientierung 53 (1989) 6, 61.
187 Theodor W. Adorno, Gesammelte Schriften Band VI (hg. v. R. Tiedemann u.a.), Darmstadt 1998, 283. Es geht dabei um die Bedeutung der fragmentarischen Form für die Philosophie, vgl. ders., Noten zur Literatur IV, Frankfurt a. M. 1974, 110.
188 Meier, Dürrenmatt 26; vgl. Ottmar Fuchs, Doppelte Subjektorientierung in der Memoria Passionis, in: ders., Reinhold Boschki, Britta Frede-Wenger (Hg.), Zugänge zur Erinnerung. Bedingungen anamnetischer Erfahrung, Münster 2001, 309–345
189 Vgl. Meier, Dürrenmatt 211 und 14.
190 Vgl. ebd. 67 und 81–85.
191 Vgl. Kuno Füssel, Dorothee Sölle, Fulbert Steffensky, Die Sowohl-als-auch-Falle. Eine theologische Kritik des Postmodernismus, Luzern 1993; zur Kritik dieser Kritik vgl. Ottmar Fuchs, »Sein-Lassen« und »Nicht-im-Stich-Lassen«! Zur Pluralitätsprovokation der »Postmoderne«, in: Konrad Hilpert, Jürgen Werbick (Hrsg.), Mit den Anderen leben. Wege zur Toleranz, Düsseldorf 1995, 132–160.
192 Zu dieser Kategorie der Intertextualität vgl. Ottmar Fuchs, Im Raum der Poesie. Theologie auf den Wegen der Literatur (Theologie und Literatur Band 23) Ostfildern 2011, ²2015, 85–89.
193 Zur entsprechenden Problematik des gegenwärtigen Wissenschaftsbetriebs vgl. Ottmar Fuchs, Wenn Wissen die Weisheit verhindert, in: Janez Juhant, Bojan Zalec (eds.), On Cultivating Faith and Science, Münster 2007, 157–172. Zur Bedeutung des Schwebens im frühro-

mantischen Diskurs vgl. Lore Hühn, Das Schweben der Einbildungskraft, in: Deutsche Vierteljahrsschrift für Literaturwissenschaft und Geistesgeschichte 70 (1996) 569–599.

[194] Vgl, Odo Marquard, Moratorium des Alltags. Eine kleine Philosophie des Festes, in: Walter Haug, Rainer Warning (Hg.), Das Fest, München 1989, 684–691

[195] Vgl. Hans Robert Jauß, Erleuchtete und entzogene Zeit. Eine Lectura Dantes, in: Haug, Warning (Hg.), Fest 65–91, 65.

[196] Vgl. Joachim Küchenhoff, in: Das Fest und die Grenzen des Ich, in: ebd. 99–119, 122.

[197] Vgl. Jan Assmann, Der schöne Tag. Sinnlichkeit und Vergänglichkeit im altägyptischen Fest, in: Haug, Warning (Hg.), Fest 3–28, 18–21.

[198] Vgl. Rüdiger Bubner, Ästhetisierung der Lebenswelt, in: ebd. 651–662.

[199] Manès Sperber, Leben im Jahrhundert der Weltkriege, Frankfurt 1983, 48; vgl. Marquard, Moratorium 686.

[200] Auf einer Holzgrabstele im Lichtenfelser Friedhof.

[201] Annette von Droste-Hülshoff, Sämtliche Gedichte. Mit einem Nachwort von Ricarda Huch, Frankfurt a. Main 1988, 460.

[202] Droste, Gedichte 397.

[203] Droste, ebd. 458, 460.

[204] Droste, ebd. 474–475.

[205] Droste, Gedichte 380–381.

[206] Zitiert bei: Thomas Mann, Nachwort, in: Theodor Storm, Werke in einem Band, (Knaur Klassiker), München 1954, 1023–1038,1037.

[207] Vgl. Ottmar Fuchs, Rechtfertigungstheologie: differenzverschärfende Umfangung aller Differenz, in: Theologische Quartalschrift 197 (2017) 3, 235–256.

[208] Zitiert nach Navid Kermani, Dein Name. Roman, München 2011, 902.

[209] Vgl. Hans Bethge (Hg.), Lieder des Hafis, Nachdichtungen, Leipzig 1939 (Insel-Bücherei Nr. 542).

[210] Vgl. dazu Ludwig Ott, Grundriss der Katholischen Dogmatik, Freiburg 4/1959, 33: Die göttlichen Eigenschaften (gerecht, barmherzig, allmächtig usw.) sind mit der göttlichen Wesenheit (unendlich, unbegreiflich usw.) real identisch.

[211] William Shakespeare, Macbeth, in Akt I Szene III Zeile 126.

[212] Vgl. Ottmar Fuchs, Theologie aus der Erfahrung des »Mysterium Dei«, in: Pastoraltheologische Informationen 24 (2004) 2, 68–104.

[213] Vgl. zu diesem Thema auch Anselm Grün, Tomas Halik, Winfried Nonhoff. Gott los werden? Wenn Glaube und Unglaube sich umarmen, Münsterschwarzach 2016.

[214] Victor Turner, Das Ritual. Struktur und Antistruktur, Frankfurt am Main 2005, 13; vgl. dazu auch Nathan M. Mitchell, The Significance of Ritual Studies for Liturgical Research, in: Benedikt Kranemann, Paul Post (Hg.), Die modernen ritual studies als Herausforderung für die Liturgiewissenschaft, Leuven 2009, 63–85, 76ff.

[215] Arnold Van Gennep, The Rites of Passage, London 1960.

[216] Turner, Ritual 125.

[217] Vgl. ebd. 180f.

[218] Vgl. dazu Silvia M. Schomburg-Scherff, Nachwort zu Turner, Ritual, ebd. 198–206, 201f.

[219] Vgl. ebd. 205; vgl. ähnlich im Konzept Heribert Wahl, LebensZeichen von Gott – für uns. Analysen und Impulse für eine zeitgemäße Sakramentenpastoral, Berlin 2008, 103.

[220] Vgl. zu diesen Analysen Turner, Ritual 94ff.

[221] Ebd. 95.

[222] Elaine Pagels: Das Geheimnis des fünften Evangeliums, München 2004, Zitate 32, 34.

[223] Vgl. Heinrich Denzinger, Peter Hünermann, Kompendium der Glaubensbekenntnisse und kirchlichen Lehrentscheidungen, Freiburg 1991, 361–362, DH 806.

[224] Vgl. Hans-Joachim Höhn, »Deus semper maior«. Gottes Existenz und Eigenschaften aus der Perspektive einer Relationalen Ontologie, in: Theologie und Philosophie 92 (2017) 4, 481–508.

[225] Eva-Maria Faber, »Hinter mich!« – zur ungezähmten Sprache der Bibel, in: Feinschwarz vom 22.2.2018.

[226] Ebd. 40.

[227] Marco Balzano, Ich bleibe hier. Roman, Zürich 2020, 16.

[228] Vgl. Johanna Haberer, Und der Mensch schuf sich ein Ebenbild, in: Christ und Welt vom 7.6.2023.

[229] Christa Wolf, Kein Ort. Nirgends, Darmstadt und Neuwied 5/1983, 85.

[230] Ebd. 87.

[231] Ebd. 104.

[232] Ebd. 66.

[233] Vgl. Ottmar Fuchs, Nichts ist unmöglich. Gott! Aspekte einer postkolonialen Bibelhermeneutik, Würzburg 2023.

[234] Vgl. https://www.perlentaucher.de/essay/plaedoyer-fuer-das-sowohl-als-auch.html, Zugriff 18.8.2023.

[235] Jan Assmann, Monotheismus und Gewalt, zitiert ebd.

[236] Müller, Sowohl-als auch ebd.
[237] Sören Kirkegaard, Entweder – Oder, Leipzig 1941, 27.
[238] Vgl. zum Folgenden Ottmar Fuchs, Glaubenswissen im Horizont der Gnade – Plädoyer für eine indikativische Homiletik, in: Ottmar Fuchs, "Von solcher Hoffnung kann ich leben ..." Predigten, Luzern 1997, 185–207.
[239] Dies ist keine graue Theorie, sondern hat seinen Erfahrungshintergrund in einer langen Praxis der Predigtausbildung. Es ist immer wieder überraschend, wie Studenten und Studentinnen, die sich die freie Predigt nicht zutrauen, sie aber dann doch riskieren, ganz hervorragende Predigten halten, während die anderen, denen das freie Reden leicht fällt, erst einmal lernen müssen, nicht leicht daherzureden, vgl. Ottmar Fuchs, Didaktische Hinweise für Kompetenzerfahrungen im Trainingskurs mit Video-Recorder, in: Rolf Zerfaß, Franz Kamphaus (Hg.), Die Kompetenz des Predigers, im Spannungsfeld zwischen Rolle und Person, Münster 1980, 136–149
[240] Zum Einfall nicht nur als kreativem, sondern darin auch als pneumatologischem Geschehen in der Homiletik vgl. Manfred Josuttis, Über den Predigteinfall, in: Evangelische Theologie 30 (1970) 627–642.
[241] Vgl. dazu Friedrich Miltenberger, Kleine Predigtlehre, Stuttgart 1984, 148–153.
[242] Zu entsprechenden Thesen bezüglich der rhetorischen Kommunikation theologischer Rede, vgl. Ottmar Fuchs, Von Gott predigen. Überlegungen Anleitungen Beispiele, Gütersloh 1984, 57–67.
[243] Vergessen ist übrigens auch kein Grund zum Ärger, denn die Zuhörerschaft weiß nicht, was vergessen wurde: Es ist nur das Problem von Predigerin und Prediger.
[244] Vgl. Julia Knop, Drei Jahre Synodaler Weg – eine erste Bilanz, in: Feinschwarz 14.3.2023, in: https://www.feinschwarz.net/drei-jahre-synodaler-weg-eine-erste-bilanz/, Zugriff 14.3.23.
[245] Zur offiziellen Planung der Weltsynode vgl. https://www.synod.va/en.html Synod 2021 - 2024, Zugriff 14.3.23.
[246] Vgl. Peter Hünermann, Der Text: Werden – Gestalt – Bedeutung. Eine hermeneutische Reflexion, in: Herders theologischer Kommentar zum Zweiten Vatikanischen Konzil, Bd. 5, Freiburg i. B. 2006, 5–102, 24–25; ders., Theologischer Kommentar zur dogmatischen Konstitution über die Kirche Lumen gentium, in: Herders theologischer Kommentar zum Zweiten Vatikanischen Konzil, Bd. 2, Freiburg i. B. 2/2004, 269–582, 320–324; Hans-Joachim Sander, Theologischer

Kommentar zum Dekret über die sozialen Kommunikationsmittel Inter mirifica, in: ebd. 233–261, 238.

[247] Elmar Klinger, Christologie im Feminismus, Regensburg 2001, 236

[248] Obwohl das Wort der Schwebe bei Wolfgang Beck, Ohne Geländer. Pastoraltheologische Fundierungen einer risikofreudigen Ekklesiogenese, Ostfildern 2022, nicht begegnet, thematisiert das ganze Buch viele entsprechende Zusammenhänge, wie beispielsweise die Erinnerung an Rahners Tutiorismus des Wagnisses (51), zum Aspekt der freien Rede (6.3) ebd. 328.

[249] Vgl. Herbert Vorgrimler (Hg.), Wagnistheologie. Erfahrungen mit der Theologie Karl Rahners, Freiburg i. B. 1979. Nicht von ungefähr wurde bei dieser Festschrift für Karl Rahner dieser Titel gewählt, der viel mit seiner ganzen Theologie zu tun hat, vgl. ebd. 12·

[250] Vgl. Karl Rahner, Löscht den Geist nicht aus, in: Schriften zur Theologie Band 7, Einsiedeln 1966, 77–102, 85.

[251] Vgl. Emmanuel Lévinas, Die Spur des Anderen, München 1987, 215.

[252] Hermann Hesse, Demian, Frankfurt a.M. 2007, 120

[253] .Ebd.

[254] Karl Rahner, Die unverbrauchbare Transzendenz Gottes und unsere Sorge um die Zukunft, in: Schriften zur Theologie, Bd. XIV, Einsiedeln 1980, 405–421, 414.

[255] Vgl. Karl Lehmann, »Gott ist größer als der Mensch« (Vorsitzender der Deutschen Bischofskonferenz Nr. 20), Bonn 1999.

[256] Vgl. Lehmann, Gott ist größer 8.

[257] Vgl. Ottmar Fuchs, Caritaseinrichtungen als Orte interreligiöser Praxis, in: Theologische Quartalschrift 189 (2009) 4, 262–272.

[258] Leppin, Ruhen in Gott. Geschichte der christlichen Mystik, München 2021, 20.

[259] Teresa von Avila, Die innere Burg, Zürich 1979 (1577), 135 (6 Stufe, 4. Kapitel).

[260] Zu einem solchen doxologischen Gebetstext vgl. Fuchs, Der zerrissene Gott (Anm. 5) 222–225.

[261] Diesen Hinweis verdanke ich dem Zitat von Bruder Luc, einem der von islamischen Fundamentalisten in Algerien getöteten Väter, dem Vortrag »Freiheitsräume – Räume der Bindung« von Ruth Fehling auf dem Symposium »Freiheit und Theologie« in Vierzehnheiligen (13.–15.7.2012).

[262] Helmut Merklein, Studien zu Jesus und Paulus II., Tübingen 1998, VIII.

263 Vgl. https://www.bpb.de/themen/nationalsozialismus-zweiter-weltkrieg/geheimsache-ghettofilm/141785/das-warschauer-ghetto/?p=1, Zugriff 24.8.2023.

264 Vgl. Giorgio Agamben, Homo sacer. Die souveräne Macht und das nackte Leben, Frankfurt am Mai 2001, 94.

265 Vgl. Christian Bauer, Transgressionen der Moderne, in: ders., Michael Hölzl (Hg.), Gottes und des Menschen Tod?, Mainz 2003, 19–47, 42ff.

266 Agamben, Homo sacer 42.

267 Gott geht »natürlich« im Mitleiden mit der Menschheit nicht auf, Gott ist unendlich mehr und darüber hinaus, aber das ist er auch, und zwar unbegrenzt, vgl. Ottmar Fuchs, Die Pastoral im Horizont der »unverbrauchbaren Transzendenz Gottes« (Karl Rahner), in: Theologische Quartalschrift 185 (2005) 4, 268–285, 279–284.

268 Vgl. Karl Rahner, Im Gespräch, Band 1, München 1982, 246.

269 Vgl. Ottmar Fuchs, »A pauperibus evangelizari«. Einige Aspekte zur »Definitionsmacht« der Armen, in: Theologische Quartalschrift 193 (2013) 3, 251–263.

270 Zur Paradoxie zwischen hemmungslosem Vertrauen und Schwebe vgl. ders., Wir haben Dich ausprobiert, o Gott!« Im »Land aus Worten« des palästinensischen Dichters Mahmud Darwisch, in: Theologische Quartalschrift 194 (2014) 4, 307–326.

271 https://www.daserste.de/information/wissen-kultur/wort-zum-sonntag/sendung/spricht-julia-enxing-dresden-120, Zugriff 4.6.23

272 Thomas Mann, Nachwort, in: Theodor Storm, Werke in einem Band, München 1954, 1023–1038, 1038.

273 Ebd.

274 Vgl. Tomáš Halík, Theater für Engel. Das Leben als religiöses Experiment, Freiburg 2019.

275 Zitiert bei Matthias Bormuth, Die Verunglückten. Bachmann, Johnson, Meinhof, Améry, Berlin 2019, 6.

276 Vgl. Giorgio Agamben, Die Zeit, die bleibt, Frankfurt a. M. 2006, 34–55.

277 Vgl. Ottmar Fuchs, Berührungen: ebenso notwendig wie sublimierbar, in: Klaus Koziel, Manuela Pfann (Hg.), Zwischen Digitalisierung und Pandemie. Begegnung neu bewerten, Rottenburg, München 2020, 37–49.